体育教学论评：对话与反思

艾安丽 著

东北师范大学出版社

图书在版编目（CIP）数据

体育教学论评：对话与反思 / 艾安丽著． -- 长春：东北师范大学出版社，2022.12
ISBN 978-7-5681-9973-5

Ⅰ．①体… Ⅱ．①艾… Ⅲ．①体育教学－教学研究 Ⅳ．① G807.01

中国版本图书馆 CIP 数据核字（2022）第 246727 号

□ 责任编辑：刘兆辉　　□ 封面设计：优盛文化
□ 责任校对：卢永康　　□ 责任印制：许　冰

东北师范大学出版社出版发行
长春市净月经济开发区金宝街 118 号（邮政编码：130117）
销售热线：0431-84568036
网址：http://www.nenup.com
东北师范大学音像出版社制版
石家庄汇展印刷有限公司印装
河北省石家庄市栾城区樊家屯村人大路与长安街西行 300 米路南
2022 年 12 月第 1 版　　2023 年 1 月第 1 次印刷
幅画尺寸：170mm×240mm　印张：11.5　字数：160 千
定价：68.00 元

2019年广东省高等教育教学改革项目"基于师范类专业认证的体育教育本科专业课程体系优化与重构研究"（项目编号533）

前　言

　　本书是一名有着多年中学教学经历却初入高校的体育教师的教育实践反思录。

　　本书的撰写，得益于我读博期间的室友，她有写日记的良好习惯。博士毕业时，她寄给我一本关于体育教学的"沉思录"，其中记录了她在教学过程中与学生互动的点点滴滴，并且采用对话形式进行反思。她将早期读过的《论语》《理想国》中的教育先贤们的对话方式运用于教学中，这给了我很大的启迪，于是我也着手进行教学反思记录。我曾经在中小学任教多年，倡导以学生为中心，注重课堂中的师生互动。进入高校后，我发现教学任务较重，特别是"体育与健康学科知识与教学能力"这种综合性课程，既有理论知识的教学又有实践能力的培养，一开始我限于自身能力与经验，在课堂上很难进行课堂互动和对话教学。经过直接参与各种教学培训、线上听课以及间接性学习其他同行的教学经验，我积极探索和采纳学生的建议，大胆采用"对分课堂"，充分利用"对分易""超星泛雅"等信息化教学平台，注重课堂互动、课内课外互动、线上线下互动，逐渐形成了自己的教学风格，通过反思教学中存在的问题，逐步积累了丰富的教学反思经验。

　　本书以体育教学的构成要素为主线，对过往积累的教学案例的意义进行整理与分类，将其分别归类于"践行师德，学会教学、学会育人、学会发展"的体育专业认证的基本要求中，具体内容包括体育教学目的论、体育教学主体论、体育教学内容论、体育教学方法论、体育教学评价论、体育教学关系论、教学杂记七个章节内容。书中的每个案例都是我在高校从教的真实记录，也是我不断成长、成熟的动力源泉。在本书付梓之际，回想课堂内外与学生互动与交往的点点滴滴，每一声"艾妈妈"都饱含了学生的爱，让我充满感激与欣喜；有礼貌、勤奋、踏实的学生，可敬、谦和、友爱的同事，一路伴我成长！尤其是从学生所言所行上感受到、体悟到的东西，一直催我奋发向上，砥砺前行。从学生发自真心的暖心称呼到真诚反馈，感受着学生的期待与需要、礼貌与感恩，我时常体验到被人需要的幸福和快乐、作为教师的崇高与自豪，这增添了我对教师职业的热爱，不断强化着我成为优秀教师的理想信念，使我真正理解和体会到教育的真谛，那就是用心灵唤醒心灵，用希望成就希望，用爱传递爱，用生命影响生命。

书中难免会有不足之处，真诚希望广大读者批评指正，不胜感激。

目　录

第一章　从践行师德到发展教学能力：体育教学目的论 / 001

　　记住学生的名字 / 003

　　教学工作量的上限 / 005

　　一碗鸡汤 / 009

　　为何要创新 / 018

　　加上我的名字 / 021

　　怕讲不完 / 025

　　怎么可以不挂科 / 028

　　重视中考，不重视体育课 / 030

　　我只有这双鞋 / 033

第二章　从教师的教到学生的学：体育教学主体论 / 037

　　老师，这样的课我喜欢 / 039

　　教育见习示范课 / 042

　　上课不该这样叫醒我 / 047

　　我要考研究生 / 049

　　你让他们严肃点 / 052

　　劳动者最光荣 / 053

　　关注学生心理健康 / 056

　　我是"学渣" / 058

有人欢喜有人忧 / 060

第一次公开课 / 062

第三章　从校内到校外：体育教学内容论 / 067

小马过河 / 069

重点在哪里？ / 071

体育教师，您需要加强体育文化素养 / 075

离开手机也能活 / 078

如何组织大课间 / 081

第一次模拟授课 / 083

说课比赛 / 088

基层教学与你说的课堂不一样 / 093

没有现成的答案 / 096

第四章　从效仿到建构：体育教学方法论 / 099

老师，你的教学方式很新颖 / 101

关节角度不同 / 104

老师"懒" / 106

老师，你还没教 / 109

给个模板我们背诵 / 112

人生可以改变宽度 / 114

编排武术操 / 117

第五章　过程与结果相结合：体育教学评价论 / 121

初登讲台 / 123

第一次上学校的公开课 / 128

老师，闭着眼睛才好听 / 130

一个领导也不认识 / 134

论文指导初确定 / 137

养成教育重细节 / 138

练习的指标合格了吗 / 139

全员运动会 / 140

老师，下课了 / 143

老师，我又哭了 / 145

一堂主题班会课 / 148

我给中学生上体育课 / 149

没有规矩，不成方圆 / 150

第六章　求同与存异并存：体育教学关系论 / 153

老师，我想跟你聊聊 / 155

领导找我 / 157

选你作为论文指导教师 / 159

艾妈妈，我们想跟你分享 / 160

挑衅：看老师是怎么上课的 / 162

谈公平 / 163

第七章　教学杂记 / 167

学生辍学 / 169

老师，你不带实习生 / 171

观摩省培中小学体育教师实践课 / 172

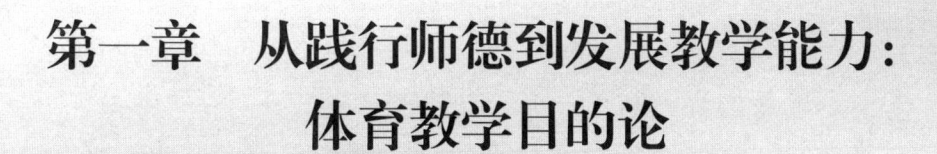

第一章 从践行师德到发展教学能力：体育教学目的论

记住学生的名字

转眼就是第七周了,从最初对教学内容进行思维导图讲解到引导学生对各个章节进行讲解,每次课前我都会布置好下节课的学习内容,让学生分小组对教学内容进行资料收集、PPT制作和课堂展示,在学生展示后再进行自我点评、学生点评和教师点评。今天这节课上课前,很多学生簇拥在讲桌前拷贝PPT,随时准备他上台展示。

通过课堂导入,我今天抽取谁上台展示呢?巡视教室——"老师,我先来。""好,子衡你先来吧。"——这个白白净净、瘦瘦高高的学生来自港澳地区,普通话不是很标准,甚至有点蹩脚。他走上讲台,打开事先准备的PPT,对身体素质内容进行讲解。他说:"我今天为大家讲解的是身体素质,我主要对身体素质中的力量素质进行讲解,这门课早在大一下学期我们就学习过,这门课的内容在'体育与健康学科知识与教学能力'这门课中再次出现,说明身体素质的力量基础是中学体育与健康课程必不可少的知识,我们需要对其进行熟练掌握。下面我先对力量素质进行分类,力量素质根据不同的标准分类不同,既可以分为相对力量和绝对力量,又可以分为动力力量、力量耐力和爆发力……"他在讲解的同时还采用动作演示的方式配合PPT进行阐释,当他做不同的力量练习时,一下把全班学生的情绪调动起来了,大家情不自禁为他的讲解鼓掌喝彩。

"谢谢子衡同学,讲得真精彩,能够把已学的知识内化成自己的知识，并且能够与运动实践相结合进行展示，这为我们今后从事体育教学奠定了良好的理论基础，除了能够说出力量素质的分类、训练方法之外，我们还应该知道力量素质的影响因素，如肌纤维的类型、关节的角度、神经元的募集等。"

我的话音未落，只听到有学生窃窃私语，"哇，老师能够叫出他的名字。"

"是啊，同学们，我能够记住你们每一个人的名字，你们将来到中小学也需要以最快速度记住学生的名字。你们是否记得我第一节课就建立了班级微信群，在微信公众号的对分易平台上建立了我们的上课班级，每一次你们的作业、发言都会记录在教学平台上。除此之外，我们通过第一节课就采取的4～6人为一个小组就座方式也为我熟识同学奠定了基础，更为重要的是小组长帮我收集了同学们的电子照片，每张照片都清晰地标注了你们的姓名，我在课后对班上同学进行对照、熟识，对照得多了自然而然就记住了。"

"老师，那么多人的名字你记得住吗？"

"你们希望老师记住吗？"

"当然希望。"子衡同学接着说，"当我的名字从老师口中叫出的时候，我倍感幸福。"

"是啊，有心理学家曾经问过人世间最美妙的声音是什么，有人居然说是自己的名字被老师叫出。我也曾经因为老师记得我的名字而非常感动。那是我大学毕业多年后，拟报考研究生，有次用座机给远在北京的老师打电话，电话接通后老师先叫出了我的名字，让我从心底里很感动、以致想起老师的鼓励都会信心百倍。"

"老师，是不是你特别优秀啊？是不是只有优秀的人才能被老师记住？"

"子衡同学很努力，每次上课认真的样子给老师留下了深刻印象，一个踏实勤奋、表现突出的学生本身就很容易引起老师和同学的注意,所以我们要做最好的自己,成为让老师和同学都认可的人。另外,我们将来大多数同学会成为教师,作为教师,不应该只是记住成绩好、表现好以及成绩差、调皮捣蛋的学生,还应该记住所有学生的名字。"

我心想,记住所有学生的名字本身就是对学生的爱,对学生的爱从记住学生的名字开始,如果一位教师连班级学生的名字都无心记住,就很难走进学生心里。记住学生的名字,在无形之中拉近了师生之间的距离,让学生感受到教师对他们的关爱,成为师生之间沟通的纽带。

苏霍姆林斯基曾说,爱学生就得记住每位学生的名字,爱学生必须从记住学生的名字开始,没有爱,就不会有教育,热爱学生是教师职业道德的核心,也是教师高尚品质的表现。

教学工作量的上限

在 CN 中学挂职锻炼,不知不觉到了冬天,北风呼呼地从宿舍的破窗直灌而入,宿舍内没有安装空调,只能靠着取暖器把床铺烤暖再睡,中午还能勉强将就,到了晚上,实在是冷得无法入眠。于是决定工作时早出晚归。清晨起床,老公说送我,他每次为了送我都是六点起床,飞速送我又飞速赶去上班,路上太赶了,我不忍心,决定约顺风车。有次顺风车延误了,赶到 CN 中学时已经九点了。好在这学期挂职初中没有给我安排具体的教学任务,给实习学生定好具体任务和要求就行了。刚到挂职学校,我就给实习学生开过多次专门会议,会议包括以下内容:晨练问题,一天之计在于晨,中学生每天 6:15 起床,5 分钟处理内务,6:20 出现在操场,锻炼是 10 分钟绕两周跑。我们实习老师能否积极主动融入"健康中国"的"全民健身"大潮中?能否成为学生健康的引路人?

我的提议遭到了实习学生的集体反对,"老师,我们很忙,每天要准备毕业论文,还要复习考试,加上大学期间从未出过早操,那么早,我们怎么起得来……"于是我妥协,"那其他同学在参与班主任管理的时间段起来出早操,体育专业的两个学生要坚持出操。"其他实习学生见出早操与他们无关了,于是松了一口气,我接着说:"二是课间操与跑操问题。两个体育专业的学生是否创编一套大课间操,带领其他六个实习学生一起学习,实习学生每天带领班级学生一起做?"

"老师啊,我们的动作很不标准的。"两个体育专业的学生表示很难编排,其他专业的学生也表示抗议。

"编排一套操自行学习,然后教六个实习学生,最后每个人带班时可以随班做,站在学生队伍前面或后面,这个我就不做要求了,能否落地看你们的态度。"

我看他们都不太情愿的样子,还是重申了坐班问题,"再次强调坐班问题,我们是实习老师,一切要遵守学校的规章制度,要按照教师工作的时间坐班。自觉遵守学校的防控制度,做好个人防护,注意个人健康。"清晨的校园里特别安静,只听得到教室里老师讲课的声音,我悄悄到办公楼二楼,实习生居然都在二楼会议室,学校领导也都在,据说是开临时会议,要说说实习期间的纪律问题。我径直走进了我的办公室。办公室与会议室一墙之隔,开会时的讲话声不时地传入我的耳中,分管德育的负责人先发言,似乎很严肃地谈道:"作为实习生,我们应该尽可能做到'学高为师,德高为范',在学校应该给学生做出表率。上班时间多走进课堂听课,或在办公室做课件、备课,不做与工作无关的事情,不准玩手机、聊天,工作方面的沟通是可以的。"这时突然听见主持工作的乌校长大声训斥:"开会期间不得玩手机。"

实习学生:"我在做笔记。"

德育主任继续说:"另外,不得与学生过多接触,特别是不能有肢体接触，不能单独谈话，如果确实需要，要在班主任的陪同下进行，不能代替班主任坐班，要由级组长统一安排……不能让实习老师一个人去上课。不能给学生留下任何联系方式，如QQ、微信和电话等，实习结束以后也不要与学生进行联系。"

乌校长接着说："如果你们的表现与我们的老师有偏差，不去听课，上班时间在宿舍睡觉，在办公室找不到人，就会与实习要求不相符。你们学校与我们签署了协议，这个机会来之不易，你们要扎扎实实工作，要学有所成，需要学习的东西很多。CN中学的老师虽然能力不是最强的，但是我敢说我们的老师很敬业！请你们与学生聊天不准谈与教学工作无关的知识，你们对教育要有情怀，如果没有教育情怀，这个很难实施下去，如果只是抱怨，肯定不是合格的教师，今天早晨开会，时间到了，我们等了你们十几分钟，我们学校的教职工开会肯定是他们等我，而不是我等他们，如果你们校长等你，对你们的印象就不好了，与人相处时你就输了。的确，我们条件有限，但你们是来实习的，不是来享受的。需要适应教师的生活。"

"我现在正式提出要求：对作息时间做出硬性的规定，要求上班签到，言谈举止要符合教师形象！我们教师的课堂组织和管理在全县都是优秀的，我们被邀请去县里甚至韶关市都做过经验分享。再次重申，不能两个异性单独相处、不能有肢体接触，这是上面明确规定的，也是我们CN中学对教师的规定。相信大家一定看到过一些报道，关于性侵的事件，我们也要学会保护自己。找学生聊天不能关门。找学生聊天，一定要有第三人在场，不得关门，除非进心理咨询室，心理咨询室也不是谁都可以找学生进行心理辅导的，如何辅导学生是上面要求的。"

校长提出的要求，我在给实习学生开会时都已经反复提醒过，这些来自7个学院的8个学生，既要忙着考教师资格证，又要忙着考普通话、英语六级，还有的忙着考研，忙得不亦乐乎，加之有实习指导教师带着，我没有想到他们居然放纵到这种地步，我虽是带队实习指导教师，每个学生在学院也有实习指导教师，但我也是很尴尬，管也为难，不管也为难，我校实习队长似乎很不满地说："请问贵校所谓的硬性+柔性（人性化的管理），老师们都要求打卡吗？有课无课都要求打卡吗？"语气中明显带着不满。

　　由于紧接着是升国旗的时间，会议很短，没说几分钟就匆匆结束了。升国旗结束后，实习队长和同伴怒气冲冲来到我的办公室，"艾老师，请问工作量的上限是多少？"我一愣，怎么会问起工作量的上限，不是实习期间都应该遵守实习学校的规章制度，服从实习学校的工作安排吗？

　　他们说实习手册上只明确了教学工作量的下限，但是工作量的上限是多少，希望也明确，我确实不知道工作量的上限，于是拨通了教学副院长的电话，她说最高不能高于16节课，体育学生还有特殊情况，需要参与晨练、晚上训练、大课间、体质检测、校运会等活动。实习学生终于没有说什么了，我告诉副院长，由于我不是队长的实习指导教师（队长与我同学院），所以学生不太听从管理，现在的实习学生看得清谁重谁轻，谁对他有利他就听谁的，我前面说的话他们都表示做不到，也不太愿意去遵照执行，今天实习学生虽然心里还是不太愿意，但是总算有了答案。

　　问工作量的上限本身就表现出对教育教学工作的厌倦，没有表现出对工作的无私奉献。工作是一种责任，教师的工作是有形劳动和无形劳动的综合，其实无形劳动无时不在，并不是除了上课就无事可做，还需要备课、了解学生、批阅试卷、关心学生心理健康等。记得我以前在高中当班主任时，一大早就去喊学生起床，每天晚上督促学生睡觉，真是"披星戴月""捧着一颗心来，不带半根草去"，如果没有这种教育情怀，学生实习中的收获将达不到预期效果。

　　这里的实习条件虽然艰苦，但是也不是最艰苦的，谁能保证毕业之后就一定能在大城市找到合适的工作呢？我也曾经给老师们讲，学生要考教师资格证，要给出学生复习时间。有的老师说，考试过去了，还是不见这些实习生出现在办公室，偶尔出现在办公室，还有讲话和睡觉的。

有些实习学生缺乏基本礼仪。不要说，也不应该说被其他人影响，为什么是他们影响我们，而不是我们影响他们？环境确实可以影响我们，而事实上，我们也是可以影响环境的。问工作量的上限，反映出的是教育情怀的缺失问题。

一碗鸡汤

一、初到实习学校

2020年10月8日，我收到教师教育学院发来的信息，我需要带领8名学生前往SX县CN中学实习，由于学校层面与基层教育局尚未沟通好，没有任命书、没有邀请函，我只能以实习带队教师的身份前往。8名学生包括数学专业学生1名、语文专业学生1名、物理专业学生1名、生物专业学生1名、地理专业学生1名、外语专业学生1名、体育专业学生2名。在出发前，我们收到教师教育学院的实习前安排，要求召开碰面会，并要求学生试讲。第一次碰面会确定了实习队长和副队长。通过投票选举，任命1名体育学院男生为队长，外语学院的女生主动申请为副队长。

我早早起床，准备好行李，来到学校四食堂旁经常停大巴的地方，8名实习生也怀揣着紧张又有些期许的心情站在约定的地方等待着载乘我们去实习学校的车。幸好有体育学院的两个男生，力气大，能够帮助我们一起把行李搬上车。雯羽同学行李多得吓人，她早晨6点就起来收拾下楼，请同宿舍去上课的小师妹帮忙带了一些下楼，后来还让体育学院的两名男同学上 7 楼给她帮忙搬行李。不得不说，有男生帮忙搬行李真好，团队合作确实会提高效率。

我跟学生都没有去过 SX 县 CN 中学，只听说这所中学位于城郊，生源较差，条件也较差，但也仅限于这只言片语，其他的就想象不出来了。因为听其他实习点的实习学生说实习学校条件不一，有些住宿环境比较差，如一六中学，10 人间的宿舍，没有插头充电。有的条件比较好，如 LC 新时代学校，上床下桌。不同的反馈让我们对 CN 中学充满了好奇。

实习学生坐上车，听着歌，欣赏着沿路的风景，不知不觉中进入 SX 县，先下车的是在 GF 小学实习的学生，他们的实习学校在 SX 县城，有商业街，感觉吃饭逛街比较方便，因为是小学，小学生晚上回家不住校，所以没有晚餐供应，后来才发现能在县城是多么好。

过了 GF 小学，路上的行人越来越少，越来越荒凉。A 老师说没有见到田埂就没到我们实习的学校。她前两天去看过，学校周围只有一个农庄，四周都是农田，没有饭店。学校住的环境也不好。但听说只是听说，毕竟没有亲眼看过，想象不出来。

车到了 CN 中学，初看校门，觉得环境还可以。学生把行李搬下车，我马上与学校领导沟通，校长安排其他校领导带实习学生去宿舍，我交代男学生要帮助女学生，特别是帮女学生搬行李，实习学生与中学生住在同一栋宿舍，女生住四楼，男生住二楼。因为中学课间时间比较短，而见面会安排在课间，CN 中学校长刚刚调走，由主管教学的副校长主持工作，他在见面会上介绍了学校的师资情况、生源情况、学习和作息情况、伙食以及水电费等，同时给每名实习生分配了指导教师，让实习生与实习指导教师互加了微信。开完会，我们跟着主任去了解饭堂、住宿、水电等生活事项。他说这里地势高，水有时会供应不足，有可能会出现停水的问题。吃饭是自己在表格上写饭菜量，每天厨房按填写的情况准备饭菜。主任带我们去看了公共浴室，实习生表情都很严肃，想必内心很抗拒，不想在公共浴室洗澡。

之后实习生回到宿舍开始整理物品，一间宿舍一共 14 个床位，只住 4 个女生，空间挺大，有挺多地方可以放东西，由于之前是初中生宿舍，里面没有插头。实习生忙着收拾东西，由于学院与实习学校未沟通好，将我当成了男教师，宿舍还未腾出来，我无处可去，好在去 GF 小学的实习生落下了一床席子，副队长 ZW 拿了枕头和毛毯让我先在他们宿舍将就睡午觉，习惯睡午觉的我觉得中午时刻确实困得不得了，于是睡在学生宿舍。下午 2 点钟左右，我带领实习生到办公室，找各自的实习指导老师报到，办公室里已经为实习生准备好了办公桌，每人一张，办公室有 Wi-Fi，感觉很好，环视四周，好像没有那么多充电插座，应该可以用插排充电，我跟后勤主任马上沟通，学校随即安排购买，给实习学生解决了充电问题。

听学校领导介绍说 CN 中学离县城有 5 千米，没有县城直达学校的公交车，快递到不了学校。习惯了网购的实习生在网上购买的东西到不了学校，得自己去镇上领取，没有交通工具，让我和实习学生都觉得有种进来了就封闭的感觉。

我带领实习学生先在食堂墙壁上的一张登记表上打钩，跟 CN 中学教师一样吃饭先登记，月末集中结账，饭菜量是自己填写的，吃多少自己控制好，菜是食堂工作人员配好的，一人一碟，荤素搭配，味道还不错。

后勤主任介绍说，这里的热水全天都有，办公室的教师也说可以在晚修后洗澡，实习生没有必要跟初中生挤在一个时间段抢热水，我们对这里的一切都不熟悉，听有经验的教师的准没错。但晚自修后陪实习学生去宿舍，发现居然没有热水，找到宿管，宿管说热水供应本来就是有时段的，就是晚上 5：30～6：30。

校长和主任毕竟要处理的事多，虽然统领全局，但对一些细节问题可能不那么了解。实践出真知，万事万物不要只听别人的，一定要亲自实践一下才知道是真是假，才能得出正确结论。后来宿管给实习生想了一个办法，在她那打了一点水，用电热棒烧，后来有个值班教师说那样太慢，可能会影响到初中生休息，让实习学生到另外一栋楼去提热水回宿舍洗澡。

安顿好实习生，我回到学校刚刚腾出来的宿舍，宿舍位于教师公寓的顶楼，是修建于20世纪80年代的房子，都是两室一厅，两个教师合住，几乎所有的教师都是在中午临时休息或者值班时使用，因为几乎所有的教师都在城区或者学校周边有住房。走进宿舍，客厅中间摆了三四个装满水的水桶，与我同屋的那位女教师是临聘教师，离家很远，所以她工作时间基本上都在学校，由于长期缺水，她比较有经验，每天课外活动时间都会备足水。进客厅后右拐是卫生间，进入卫生间发现地面上积水成潭，难以落脚。由于老房子没有修建水龙头，水管放出的水不用水桶接好或者用完水之后不自然倒在地面上都会造成地面潮湿。卫生间非常狭窄，虽装有热水器，打开后发现不能使用，据说年久失修，早就废掉了。

这是到达实习学校的第一天，很多都是新体验，希望接下来的日子能够与实习生快快乐乐地度过。

二、我没有钱吃饭

为了帮助实习学生缓解上讲台前的紧张情绪，做好上课准备，我要求实习学生提前磨课，充分利用周末时间一一试讲。今天是周日，我将实习生集中在教室磨课，这是我和实习生到CN中学的第三天，由于国庆放假调休，学校原有的师生在周六补完课全部放假回家了。厨房的师傅也放假回家了，不能回家的实习生的生活该怎么办？学校领导为实习学生开了绿灯，可以将学生食堂提供给实习生自己煮饭，由于CN中学离镇上还有一定的距离，学校与县城没有交通工具，如何解决好他们的吃饭问题成为急需解决的问题。

实习队长武镰通过指导老师联系了集镇上卖菜的摊贩抽空送菜过来，周末的米油盐由实习生AA。实习生边备课边等商家送菜来，但临近中午，菜还是没有送来，中饭问题该如何解决？

雯羽同学突然冒出来说："老师，饭堂的饭菜太贵。我为什么不吃早餐，不是我不饿，而是为了省钱，我吃不起。"

"怎么会吃不起饭？"

"老师，我之前在公司勤工俭学，现在一下子来这里实习，就没有生活费了！"

"你家里什么情况？"

"我姐姐失业了，爸爸长期糖尿病。"这个实习生一边说一遍抹着眼泪，让人着实心疼。

"那你申请困难补助了吗？"我不由得问道，其他实习生也安静了下来。

"没有，我都不知道在哪里申请。"她一副无比委屈的样子，感觉这是学院辅导员或者分管工作的教师工作没有做到位。我不免有点生气，"你们班级辅导员不发通知吗？"

"不发，从来不发，我没有看到这方面的信息。"一听到困难学生居然没有申请到困难补助，感觉到有点难以理解，国家对困难学生的扶助力度不可谓不大，不仅有助学贷款还有困难补助；学校也是提供勤工俭学岗位的，怎么还存在没有钱吃饭的情况呢？居然还有这么困难的学生存在！

我立即联系该生所在学院的辅导员，辅导员听闻学生有困难，说可以启动紧急救助，让她立即填写申请表，给她发放800元的生活困难补助。800元能否帮助这个学生度过实习期？如何才能帮助这个学生完全渡过难关？事后，辅导员说这孩子喜欢独来独往，不太合群，说贫穷可能算不上，毕竟辅导员给她做过思想工作，希望她搬到"丹桂楼"去住，因为"丹桂楼"的住宿费每学年才650元，贫困生基本上住在"丹桂楼"，而这个学生一直住在"紫荆苑"，紫荆苑的住宿费在1300～1500元，差不多是丹桂楼的两倍，如果真的贫穷，是否应该调整宿舍？而雯羽说，这是最后一年了，也不想再麻烦，所以懒得调整宿舍了。

午饭时间，我单独找实习队长谈话，问大家一起AA制吃饭，如果有这个女同学觉得生活费超过承受能力，其他学生能否接济下她？

实习队长立即说："如果指明不让她出钱，可能会伤害了这个同学的自尊，对其他同学也不公平，我们以后就尽可能让她象征性出点钱，给她一份能够承受得起又不失颜面的份额，超出的部分我们几个男同学出。"说实话，我也不知道这样做对其他学生是否公平，之后，我与女同学逐一谈话，了解实习生的家庭情况，发现雯羽来自东莞，姐姐已经工作，除了父母，只有她一个在上大学，父母加姐姐供她一个大学生，应该也贫穷不到哪里去。而剪梅家里有姊妹三个，父母是地道的农民，她是家里的老大，三个孩子都在上大学。我一下子惊呆了，这该是多么伟大的父母，这几个读大学的孩子该有多难！剪梅说："我爸妈说他们吃了没有文化的亏，再苦再累也要供我们上大学，知识就是力量，知识改变命运！"

"老师，我相信，困难只是短暂的，日子肯定会越来越好。"我和剪梅聊起这事，剪梅说："可以，不过我在宿舍看不出她真的很艰难，因为她的物品多得吓人，物品全且新，化妆品也很多，着实不像贫穷的样子。"我非常惊诧，非常不解。

跟剪梅聊完，深感她更为不易，但是她一直很阳光，很积极向上，她总是主动跟老师谈及自己的、打算和做法，在实习期间，不仅准备考教师资格证、英语六级，还打算考研，实习任务也是安排得井井有条，对待每个目标都认真规划，在人际交往时也是大方得体，不卑不亢。而这个来自东莞，物品全而新的雯羽同学，怎么会没有钱吃饭呢？她的钱都去了哪里？

2020年，中国实现了全面建成小康社会的第一个百年奋斗目标，东莞于2008年形成镇区经济圈，之后形成粤港澳协同发展先行区，国内生产总值（GDP）增长了100多倍，经济建设取得的成果惠及所有东莞人民，东莞籍学生说没有钱吃饭，钱花在哪儿了呢？

三、女生需要保护

来到实习学校几天了，原以为来自不同学院的4个男生和4个女生能够和睦相处，友好团结，但是雯羽同学又跟实习队长闹别扭了，气冲冲跟我投诉道："艾老师，您能来我们宿舍看看吗？"

我没有想到临近大学毕业的实习生会有什么事情解决不了，既然有学生提出来，一定是遇到难以解决的问题了，于是我火速赶往学生宿舍，进了宿舍，看到几个女生各自忙着，似乎也没有太紧急的事情。

"叫老师来有什么事情啊？"

"老师，原本我不想直接跟你说的，其实是很小的事情，我一点都不害怕，如果坏人进来，我可以一棍子把他解决掉，但是其他同学就未必有我勇敢了，特别是睡在门口的同学，经常能够听到外面的声音，宿舍门缝太大了，我想守护大家，毕竟电视上的太多犯罪事件中女性都是受害者，我让队长跟您沟通，他就一直拖延。他总是想等到老师在他面前时汇报。甚至到现在都没有汇报，而且他说女生宿舍没有锁也没有关系。艾老师，您说说，男生当然没有关系，他们天生胆子就比女生大，力气也比我们大，他们还说，真的发生了什么事情，让我们在楼上叫一声就可以了。我想说，万一男生睡着了呢？男生们能够保证女生一叫就上来吗？"

"那队长跟学校后勤汇报了吗？"

"没有，我跟他说之后，他晚自习后到我们宿舍来了，他怪我矫情，说来到实习学校需要适应，我让他多了解下女士心理，他就开始骂我，他指着我骂的样子我真的受不了。"

"宿舍从里面锁住万一发生什么意外从外面是很难进入的，再说，整栋楼都住着初中生，你们住在四楼，学校全封闭，进入宿舍二楼有锁，坏人也进不来啊。"

"老师，你能否理解我们需要安全感？女生需要保护？"

"我理解，但是不让你们从里面上锁也是出于安全考虑啊，一旦从里面用锁锁住之后，紧急情况下从外面是很难打开的啊。"

"老师，我是不怎么害怕，主要是靠近门的同学会害怕。"

"好，我知道了，我会联系后勤处及时把里面的门闩修理下。"

我陷入了深思，原本很安全的宿舍，为什么这个女生以其他同学的名义提出来说很不安全呢？会不会是心理健康出现了问题？世界卫生组织把心理安全定义为"不仅指没有心理疾病或者变态，还指社会适应良好、人格完善，能够在一定客观条件下把个人心境发挥为最佳状态"。学界普遍认为心理安全是一种心理状态，是一种积极向上发展的心理状态。这名学生心理上感觉到不安全，应该肯定这名学生的自我保护意识，懂得安全的生活环境对实习工作的重要性，同时必须综合分析校园安全和宿舍安全的良好形势，根据形势克服自己的害怕心理。女生需要保护，生命安全尤为重要，她们既要懂得珍爱生命，更要懂得调适心理，以良好的状态投入实习工作中。

四、送碗鸡汤

不知不觉已到实习学校 6 周了，每周实习生都会按照要求提交周记。由于实习学校在周末不提供伙食，加之学校还有些其他工作，所以我并不能完全陪着实习生在实习学校度过。

但在周末，我依然会打开学生周记进行阅读，通过周记了解实习生的实习生活和思想动态。我发现雯羽同学在周记中写道："今天我感冒头疼得厉害，一个人去镇上打针，泪眼蒙眬……"

雯羽在日常生活中有许多反常行为，很难跟教师、同学进行沟通，跟实习队长、队员几乎都产生过摩擦。特别是她得知暗自喜欢的某个男生有女朋友之后，更是与这个男生大吵一顿，没有其他同学敢跟她走近。而我又不在学校，这个时候该怎么样把温暖传递给她？思来想去，我还是选择了让处事较为成熟的育柳去处理，我相信他应该会处理妥当。于是我拨通了育柳的电话：

"育柳，听说雯羽同学生病了，你们男生知道吗？"

"知道，怎么了？老师？"

"一个人生病了最需要他人的关心了，老师现在不在学校，你们能否代表去慰问下？"

"那我们怎么慰问呢？"育柳没有任何感情色彩地问。

"帮她炖个姜汤，可行？"我特别期待男生们能够替我把关心、问候和温暖传递给这个女生，育柳在电话那端让人非常放心地说："老师，你放心吧，我保证处理好。"

大约半小时后，我再次电话询问，询问男同学是否去对生病的雯羽进行了慰问，雯羽的情况如何。"老师，情况很好，我给她买了鸡汤，她都喝了，很高兴。"

"你是如何做到的？"

"我在美团上订了鸡汤，每个同学都有一份。"

我不由得佩服这个男生的情商，对于一个跟自己闹过别扭的同学，我让他给她送慰问，一般人都会抵触，但是这个男生做到了，并且是采用给每个人都送一碗鸡汤的方式，既不会让接受鸡汤的同学感到尴尬，又很好地完成了老师交给他的任务。当然买鸡汤的钱，作为老师的我会以红包形式补给他，他居然连续订了两晚上，并且开诚布公地说是艾老师让他订的，人人有份。

一个人生病时渴望健康，渴望得到关心，雯羽同学生病时真切地感受到了来自老师和同学的关心，她开始变得与同学们有说有笑，不再独来独往了。

醒言：教师的爱是一种情感，是一种不求回报的付出。正如有人所说，教师的爱很神奇，承载着作为教师良知与责任的爱对学生来讲其实也是一种影响，一种人生的积极引导，践行师德始于爱。

为何要创新

2017年6月，临近期末考试，刚刚接触到"超星泛雅"平台的我拟采用"超星泛雅"平台开展期末考试。接触这个平台有一个多月了，我发现这个平台不仅可以考勤、课堂提问、发放课程资源、开启课堂直播、进行课堂检测和主题讨论，还可以布置作业和进行在线考试，能够顺应"无纸化"办公需求（周彬，2019）。信息化教学能力、计算伦理以及人文关怀是未来教师核心素养的重要组成部分。信息化时代，确定教学目标、选择教学方法和形式、培养学生学会学习的能力，成为教师的首要任务。（刘振天，2017）我在参加完"超星泛雅"平台操作培训后，就迅速将其投入使用。在这个平台上，很多学习数据和资源都能够永存，学习过程和学习结果都能被记录，随时随地能够在线沟通与交流。我思考能否利用这个平台进行期末考试，学院教务秘书给予了充分肯定，支持我大胆尝试。

"老师，这个平台该如何操作？明明拟按照纸质版的给我们些期末复习题，我们背会了就可以考试了，你为什么要采用机考？"

当学生刚开始接触新鲜事物时，毫无欣喜，怨声载道，"老师，我如何才能在试题库看到考试题？我该如何操作考试？""老师，你采用新系统考试，如果考试的时候电脑断网怎么办？""机房停电怎么办？""电脑操作不了怎么办？""万一我们都考不及格怎么办？"

我耐心解答："信息化网络平台使用是趋势，只有将现代信息技术融入学习过程才能不断提高学习效率、精准化考评结果。我们不能因循守旧、抱残守缺，只有敢于去尝试，学习新理念、新技术和新方法，才能提升使用信息化平台的能力，才能为今后把信息化融入学习奠定坚实的基础。"

"艾老师，你这学期让我们学会运用'对分课堂'，用'对分易'教学平台进行考勤、点名回答问题、上传课程资源和布置作业，现在又整出个'超星泛雅'来，你为何要创新？"体育专业的学生擅长运动项目和实践类课程，重文轻理，重运动技术，轻信息技术，他们对我炮轰的短信，让我不得不进行反思。

体育理论课上，低头玩手机，趴在桌上睡觉的"不良生态"，不是某所高校的独特现象，"满堂灌"的教学方式完全不适合新时代大学生的发展，势必进行教学改革，究竟什么样的教学模式能够改变教学生态、提升教学效率呢？复旦大学张学新教授自2013年开始进行"对分课堂"教学改革，旨在改变传统的"满堂灌"或者以教授为中心的局面，遵循《大教学论》上主张的"教师的教是为了学生的学"，将课堂时间与学生的责任、权利、义务进行对分，真正实现教师为主导、学生为主体的"对分课堂"教学模式。我校地处粤北山区，学校致力教学改革，教师教育发展中学聘请张心新教授来校进行"对分课堂"教学模式培训，我是首批参加培训的教师，在培训结束后第二天就开始了"对分课堂"的尝试。对教学内容只讲授大致的框架，剩下的细枝末节让学生自主看书学习，通过小组讨论、自由点评和布置作业等环节，提高学生对书本知识的掌握程度，同时通过"亮、考、帮"等环节让学生在掌握书本知识的基础上，学会批判、质疑，在探讨过程中学会延伸，让学生真正成为课堂的主人，培养学生的体育学科核心素养，全面提升学生的素质，包括批判思维、语言表达能力、倾听与质疑能力。刚开始接触时，学生认为手机签到、布置作业还比较有意思，因此乐于参与其中，逐渐适应"对分易"信息化教学平台。

《国家中长期教育改革和发展规划纲要（2010—2020年）》明确指出："信息技术对教育发展具有革命性影响。"《教育信息化十年发展规划（2011—2020年）》明确提出："以人才培养、教育改革和发展需求为导向，开发应用优质数字教育资源，构建信息化学习和教学环境，建立政府引导、多方参与、共建共享的开放合作机制。"教育信息化使师生之间的交流进入新天地，但是期末考试突然通过"超星泛雅"平台开展，学生对未知的教学平台心生恐惧，教师不应该中途即学即用，教学改革不是一蹴而就，而是循序渐进的。

新的学期开始了，再次与这个年级的学生相遇，这学期教授的课程是"学校体育热点研究"，"老师，你用'超星泛雅'吧，你下课后把PPT和教学资源上传到平台上，那样也便于我们随时查阅。"

旁边一个同学马上附和，"老师，你那个平台资源挺丰富的"。

"你们不担心期末考试不及格？"

"不会啊，老师，这样我们可以在平台上随时学习相关资源库资料。"

"学校体育热点研究"是一门考研辅导课程，学生居然欣然接受了"超星泛雅"平台，坚定了我运用新的教学平台的信念。"创新是一个民族进步的灵魂，是一个国家兴旺发达的不竭动力。"在激烈竞争中，唯有创新者进步，唯有创新者强大，唯有创新者胜出。

醒言：教学创新是教师在传统教学方法上提升的一种能力，必须明确创新的指导思想，提高教学研究能力，积极构建新的知识结构，提高教学效能，拓宽教育渠道。体育教学创新需要体育教师专门的教学能力，既要懂得体育与健康专门知识、体育教学的方法论知识，又不能脱离时代发展、不重视现代信息技术相关知识和教学能力，教学创新是体育教师的综合表现。

体育教学的目的就是明确体育专业人才培养的目标，中共中央、国务院印发的《关于全面深化新时代教师队伍建设改革的意见》认为加强教育现代化，办好人民满意教育首先在于造就党和人民满意的高素质专业化创新型教师队伍，教师不仅承担着传播知识、思想、真理的历史使命，还肩负着塑造灵魂、塑造生命和人的时代重任，而教师本身也是教育发展的第一资源。体育专业的学生是新时代教师队伍建设的后备人才，理应具备创新思维，加大信息技术培训力度，为运用好数字赋能教育奠定基础。

加上我的名字

今天周二，我依照惯例早早地来到了教室，学生陆陆续续进入教室，学生宿舍离教学楼走路不超过 5 分钟，是因为离得近，觉得到达教室更加方便，造成学生不慌不忙？还是学体育的人对室内课有天然的抵触？这是该班第三次课，也是我尝试"对分课堂"的探索期，如何分组才能够调动学生的学习积极性、激发学生的学习兴趣是我一直思考的问题。

课前我进行了作业布置，"同学们，我们今天采用分组讨论的形式进行，根据老师提出的思维导图框架，你们选择其中一个知识点进行讨论，然后选派小组成员上台展示，对参与了课堂讨论的同学给予适当加分。"我发现在教学中教师的独台戏很难吸引学生，于是尝试着结合教学平台发布课程资源，发放课程通知，让学生课前做好充分准备，况且"体育与健康学科知识与教学能力"的重点在于通过"学科知识"培养教学能力。

小组组建由学生自主进行，人数规定在6～8人，有的学生积极组建小组，坐到教室最前面来；有的学生组建学习小组后积极展开讨论，有的学生只想加入讨论组，加入之后还是玩手机，未能发挥小组成员的作用，不参与讨论。

"学科知识是同学们已经学习过的内容，老师希望通过讲解、展示，培养大家的教学能力，同学们可以根据老师指定章节的教学内容，积极讨论，讨论完后可以主动上台讲解相关知识点。"

"老师，我先来。"坐在第一排的思源同学自信大方地站起来，走到讲桌前，面对同学们，对运动人体的结构进行了阐释，讲解得也很全面。

"非常不错，看来课后做足了功课。接下来，我们看看小组同学有无补充。"本组的赵芳同学迅速站了起来，对消化系统的结构进行了细化和补充，虽然她在表达时没有思源同学大方自信，但是勇于挑战自我的勇气值得称赞。

"第二组同学，能派代表上台展示你们小组的成果吗？"

"能！"戴着眼镜的嘉伟同学站了起来，声音似乎有点颤抖，他拿着书走上讲台，"我主要讲解神经系统的构成……"他声音变得越来越小，但还是讲完了神经系统的构成，尽管教室后面的学生未必能听清楚，但站在讲桌附近的我还是能够听清。

"非常感谢嘉伟同学，如果每个同学都能像他一样勇于挑战自我，我相信，我们每个同学的教学能力都会不断提升。"

我话音未落，嘉伟后排的子欣同学站了起来，说"老师，我也想试试"，听到有学生主动想上台展示，我毫不犹豫地答应了。"我代表第四组同学发言，我讲解的是消化系统的结构，消化系统主要由消化管和消化腺组成，消化管包括口腔、咽、食管、胃、小肠和大肠等，消化腺主要包括肝脏、胰脏和唾液腺。……胃由贲门、胃体、胃底和幽门组成，肝脏是人体最大的消化腺。消化系统对运动反应十分敏感，如长时间剧烈运动会引起消化系统的不良反应，有时会导致黏膜出血引起胃黏膜防御能力降低……所以在体育课上需要提醒学生，进食后特别是饱腹半小时内禁止剧烈运动……"子欣同学从书本知识到跳出书本联系现实生活实际，讲解得非常好，远远超出了我的想象，有些学生并没有按6~8人坐成一组，座位离得很远居然分成了一组，甚至强行将"学霸"的名字写进了自己的小组，也有"哎，加上我的名字"的声音在教室里回荡。

我看到人没坐在一起，声音却响彻教室，不免有点生气，"哎，加上我的名字，有的同学甚至坐在最后一排居然要求前面的同学加上他的名字，加上我，加上我，你坐在那么远你觉得能够参与讨论之中？之所以讨论是因为你可以得到真真切切的学习效果，不是只挂个虚名而已，"其他学生偷笑，"你们可以推选小组长、记录员、讲述人员，如果讲得不完整，组员还可以补充说明，学会在小组内讲述，让小组的成员力争都掌握所要求掌握的知识"。

这个班的学生还是很不错的，当一个学生讲完，就有学生站起来质疑，"你本该讲解什么，而你却偏题了"，学生能够提问、质疑，我感觉大多数学生都已经参与到教学中来了，胜过我在讲台上唱独角戏。

课堂上响起的"加上我的名字"的声音，也让我重新思考教育的目的，"加上我的名字"充分说明学生还是在乎平时的考核成绩的，那么教学的目标是什么？应该如何设计考评指标？

目的是要实现的结果和达成的目标，体育教学的目标处于体育教学目的和体育教学任务的中间层次，只有合理制定体育教学目标才能实现体育教学目的，确保体育教学目的的实现，让学生学习"体育与健康学科知识与教学能力"后能说出学科知识，能运用学科知识解决体育教学中的问题、提升体育教学能力，培养大学生"健康第一"的理念和"一践行三学会"（践行社会主义核心价值观和学会学习、学会做人、学会做事）的宗旨，使学生能够在体育教学中，践行师德，学会教学，学会育人，学会发展。学科核心素养自 2013 年由北京师范大学林崇德先生提出，2017 年出版的《义务教育体育与健康课程标准》提出了培养学生的体育学科核心素养。体育专业学生既是新时代大学生，又是新时代教师队伍的后备人才和主力军，我们应该秉承何种理念以及进行何种方式考评学生，值得进一步深思与探究。如果教师明晰了教学目标，在课前设计好教学内容和准备工作，学生也会有的放矢。否则，学生在课前准备不足，站起来讲解会感觉不自信，从而造成尴尬局面。作为教师，必须熟悉教材内容，丰富、运用和开发教材内容，紧紧围绕学生掌握学科知识和提升教育教学能力服务。教学是门大学问，我们不仅要掌握体育的学科知识，还应该具备体育学科的教学能力。但愿经过一学期的学习，学生都能掌握体育学科知识和具备体育教学能力。

醒言：教师的教是为了学生的学，需要以学生为主体，这门课的教学目的是什么，应该采用什么样的教学方法，如何设计教学内容？值得任课教师深思。新一轮师范认证要求我们以学生发展为目标设计毕业要求，在"体育与健康学科知识与教学能力"这门课中应该如何践行师德？一门集大学四年学科知识和教学能力的综合课程应该设定怎样的教学目标？除了掌握体育教学和专业技能的知识、提升教学能力和运动能力，塑造社会主义核心价值观也是体育教学的重要内容，课程育人是培养社会主义时代育人的主渠道。

怕讲不完

不知不觉到了第十一周，"体育与健康学科知识与教学能力"这门课进入教学实践——模拟授课环节。在授课的开始，我强调了模拟授课过程中需要注意的问题，要求牢记"学生主体"的教学理念，教学设计要围绕三维目标或者体育核心素养的三个维度，采用多种方法与手段达成目标，每名学生的模拟授课时间控制在 8~10 分钟。然后要求各小组进行演练，再随机抽取学生进行展示和评价。

紫红同学小心翼翼走到我面前说，"老师，我怕讲不完。"

我一愣，"紫红同学，你觉得讲不完是出于什么原因呢？究竟是教教材还是用教材教？"其他学生茫然地看着我，估计没有弄清楚教教材与用教材教之间的区别。著名教育家叶圣陶曾说："教材无非是个例子。"（袁成，2018）

我接着说："你是否讲得完取决于你想讲什么，是依托教材、忠于教材，还是以教材为抓手，通过教材内容培养学生的关键能力，发展学生的全面素质，重视学生的情感、态度和价值观。学生通过你讲解、示范或者组织，能学到或者收获哪些东西？讲不完是以教师为中心、教材为中心的典型问题，教师只关注自己的教，不关注学生的学，当然会造成讲不完的现象。教师要注重课堂效率，课前认真备课，深挖教学重难点，重组教学内容，精心设计突破重难点的方法和手段，把控教学重点、难点，举一反三，采用多种形式、多种步骤循序渐进。"

"艾老师，我在讲解之前进行了教学设计，但是由于每个阶段的时间划分是理想化的状态，如调动队伍、队形变换都可能不在我的控制范围内，那我应该怎么处理？"

我看着他紧张的样子，安慰他说："课前做好充分准备，严格按照时间可能不会那样准确，但是我们是否能讲完在于讲什么、怎么讲，学生很容易看得懂、容易理解的部分，就可以不用花太多时间去讲，注意突破重难点。"

"要是我不讲清楚，我怕学生不明白。讲清楚的话，肯定是按照教材的内容进行讲授啊，难道不是讲教材？"

我在工作中也曾有过这样的困惑，事实上很多教师也依然存在着这样的困惑，"教教材是让学生掌握教材静态材料的内容，但容易忽视教材的内在逻辑和深层原理，不能发展学生的关键能力，也很难将学生的体育学科知识体系化或者说从不同运动项目知识中进行迁徙。在新课标理念下，以目标引领内容，提倡发展学生的核心素养，培养学生分析问题和解决问题的能力。在进行教学设计之前，教师应该认真研读新课标，不能盲目套用教材，出现了'用教材教'的现象，其实就是教材只是依托，在仔细研读新课标准的基础上，选择教材内容，教给学生学习的方法，培养学生的学习能力，让学生掌握学习的技能，并不是教材上有什么我们就教什么，那样就成了'照本宣科'，眼里只有教材而忽视了学生。当然，用教材教的过程中，如果不能将教材分析清楚，也可能造成教师忙、学生忙的情况。"

"不用教材教，那多难啊，我一点经验都没有。"

"用教材教，是伴随着新课标产生的新理念，是一种思想。如何在实际教学过程中进行落实，不是你们现在觉得难，是每一位体育教师都需要深思的问题。"我想尽量让学生释怀，大胆去尝试，接着解释道："教材是促进学生发展的工具，这是用教材教的理念基础；教学本质上是教师与学生借助教材互动的过程，教材是师生互动的载体；用教材教的另一个重要原因在于教材内容的选择与教科书的编写都需体现课程设计的目标，教材编写的过程中给教师留下了许多补白的地方。"

教师应该成为体育与健康知识的重要激活者，而不是学科知识的简单传递者；是体育育人价值的开发者，不应该是学科技能的训练者；是体育教学时间的创造者，而不是体育学科能力的反复宣讲者。体育教师的智慧在于把体育知识激活，让学生在实践中懂得体育与健康的知识对于健康中国和体育强国的价值，而不应该让知识变为用符号表达的僵硬结论。

学生高兴地点点头，似乎明白了如何能够讲完课程内容了。

我陷入了思考：明晰教学目的是教师教学的指南针，选择什么内容，采用什么方法都在于目标指引。教学目的是教学目标的上位概念，达成教育目的首要任务是用好教材，用好教材的首要任务是理解教材，钻研教材、理解运动技术是用好教材的第一步。教学任务是教学目标的下位概念，解读教学内容不能只是停留在运动技术本身，还应该解读隐藏于运动技术背后的运动能力、与日常生活的联系以及价值观念，发展主要运动技术的关键运动能力需要打包，在学习某个运动技术的时候，需将运动技术看作相互联系的整体，确保学生经过长时间的学习，最终能够养成1～2项运动技术爱好，为终身体育奠定良好的基础。另外，激活教材，将教学实践与日常生活的现实条件密切联系起来，这样才可以激发学生的运动兴趣，学有所用。教育最终为人们的幸福生活服务，体育教学的目的是强身健体，促进健康，提高生活和生命质量，本身就是为了幸福美好的生活服务，明晰了教学目的，应该不会再纠结于是否讲不讲得完了吧。

怎么可以不挂科

新学期第一次教师例会后,有位教师找到我,询问我的课时是否合理,说是给领导汇报过了,拟将体育社会学这门课程给我带。面对同事的"商量",考量自己的"初来乍到",我没做过多思考就同意了。体育社会学是针对大三学生开设的选修课,是研究体育运动中社会关系和社会现象的一门学科,涉及体育组织、社会分层、社会网络、不同性别的体育等知识。选这门课的人数较多,因此在大班上课。选修课不同于必修课,学生的重视程度不高,大班上课人数多难以认清所有的学生,这两点让我深感课堂难控。因此,我每节课都点名清查到课情况,这样做一是为了应对领导查课,如果领导清查有学生缺课可能不符合教学规范;二是这门课平时成绩占30%,期末成绩占70%,担心不进行考勤到时候无据可依。

周二下午上完课,伟忠同学等其他学生离开之后走到讲桌旁,非常认真地询问我:"老师,怎么可以不挂科?"

"不挂科?大学里坚持每节课都到课,遵守课堂纪律,按时完成老师布置的学习任务和作业,考查课只需要完成最后的作业,要是不及格很难,你怎么会想到不及格?"我立马猜想这个学生是否旷课了很多次。

"老师,我在创业,花费了很多时间,因此有些课存在缺勤记录,你看我如何能不挂科?我要去香港城市大学读硕士,我不能有挂科记录,老师您看,书记、院长都拟推荐我为创新创业典型代表了,您总不能让我挂科吧?要是挂科了,我这个典型就有点尴尬了。"

"既然知道自己被塑造成学习的楷模和典型,你更应该在课上遵守纪律,在课余时间大胆创新创业,不辜负学院领导对你的信任。不缺课,上课积极表现，课后完成作业，按时要求提交结课作业，无论如何你都很难挂科。"学生迟疑着离开，"老师，我保证每节课都到。"

学生离开后，我也陷入了深思：学生能够顺应当前教育部大力提倡的"创新创业"趋势，成为广东省创业创新典型，说明学生本身具有创新思维和敢于创新的精神，对于学生的考核应该只局限于学科知识的"分数"，还是应该改变考评方式，将学生的知识、情感态度和综合能力纳入其中？党的十八大提出"立德树人"，将教学目标从"三维"目标转向"核心素养"，核心素养分为文化基础、自主发展和社会参与。

我们需要改革教育教学评价体系，不应该按照书本知识生搬硬套进行考核，考核内容应该是客观内容与主观内容相结合，特别是对于体育社会学这门考查课来说，更应该考查学生对体育社会现象的问题意识、分析能力和解决问题的能力。学生不应该被"怕不及格"羁绊，应该大胆创新。苏霍姆林斯基曾提出："一个教师只要善于深入思考事实的本质，思考事实之间的因果关系，就能预防许多困难与挫折，避免一种对于教育过程来说很有代表性的而又非常严重的缺点，即令人苦恼的意外情况。"

醒言：过去流传的"考考考，老师的法宝；分分分，学生的命根"的观念需要改变，学生的分数不应该成为应试教育的筹码，应该促进学生的全面发展。不去研究、积累和分析事实，就会产生一种严重的缺点——缺乏热情和因循守旧。只有研究和分析事实，才能使教师从平凡的实务中看出新东西、新特征、新细节，这是创造性劳动态度的一个重要条件。同时，这也是兴趣、灵感的源泉。教育的目的本身就在于促进学生的德、智、体、美、劳全面发展，而不应该是考分限制学生的发展。当然，加强学生的课堂管理是做好教学工作的首要任务，学生的天职就是学习，学好文化知识的同时提升自己的实践能力。"大众创业、万众创新"是李克强总理提出的，是智慧社会建设的重要内容。高等教育的目的就是为社会的发展和进步培养人才和提供人力资源。明晰了教育目的，考核评价也需要为教学目标的实现而服务。

重视中考，不重视体育课

　　10月，大四学生奔赴韶关和珠江三角洲地区各中小学进行教育实习，之前我带过他们一个学期的"体育与健康学科知识与教学能力"课，课上我总是倡导"健康第一"的教育理念，在教学中希望他们能够运用多种多样的教学方法和手段，让学生不仅喜欢体育，而且还喜欢我们的体育课，让体育课成为开展素质教育的主阵地。没想到实习没过几周，有学生就给我打来电话："艾老师，我想跟您说件事，我现在在SGNX中学实习已经几个星期了，我们刚来这里时就集体撰写教案、见习，第二周就开始上课了，我们有的一周有15节课，有的一周有17节课，我发现这里的初三教学内容就是体测和应付中考。这里的教学与您讲的教学完全不是一回事，您讲的教学方式在这里根本没有办法实施，这里安排的篮球、排球课主要是针对体测训练或者体育中考，只要训练身体素质就行了，根本不讲究教学内容的层次、逻辑结构，还有就是每节课主要管纪律，一管就是半节课，您说的关于运动密度和强度也根本达不到，更不要说穿插或者融入其他学科知识了。"

　　无独有偶，还有学生给我打电话说："老师，我所在的学校建议老师教学20分钟就可以了，剩下20分钟就自由活动了，下课就有个集合整队，学生都是自我成长，课堂常规还是有的，跑操每周3次，每次体育课的准备活动也都是跑操。实习生在学校的工作主要是班主任助理、带训练、第二课堂、校运会、测国标等。新课程模式与实习实践课堂存在差距是，学生不听安排，如果安排竞赛，那么就收不回来了；如果不安排竞赛，他们又懒得动，管纪律花费的时间过长，新课标模式难以执行。"

我耐心地听学生们汇报，为什么会出现这种情况呢？体育教师教学的依据就是《义务教育体育与健康课程标准》，《学校体育工作条例》是以法律条文的形式呈现的，它要求体育课教学应该遵循中小学生的身心发展规律，教学内容符合中小学生的地区、气候和年龄、性别特点。教育部印发的《义务教育体育与健康课程标准》（2022年版）规定了教育目标、教育内容和教学基本要求，提出了要培养学生适应未来发展的正确价值观、必备的体育品德和关键能力，为现代化强国培养建设者和接班人。

"老师，这里的体育只重视体育中考，所有的体育课都围绕着体育中考的项目进行练习，根本不存在激发学生兴趣的情况，无论有没有兴趣，学生为了体育中考都得认真练习，我们也有同学在DGXF中学实习，初一上三节体育课，初二、初三上两节体育课，都围绕着体育中考进行训练，一点儿也不重视体育课。也有同学在NSLDZYJS学院（职业学校）实习，他们职业学校的学生比普通中学的学生更加有个性，很难组织，并且体育指导老师把班级给实习生之后从来不看和指导，有时候有些学生打篮球，其他学生就坐在旁边玩手机。大多数普通初中的教学都以练习体育中考项目为主，初一的体育课就是每节课都要跑800米，一节45分钟的课可能要跑两圈；足球的话就是绕球过杆，一整节课都在绕球过杆，不要说学生觉得没有意思，我们自己教都觉得乏味。"

听完学生们打来的电话，我并不意外，我国体育课从光绪二十九年（1903年）《奏定学堂章程》开始进入学校教育体系，最初以"体操课"形式呈现，着重于军事操练，单调乏味在所难免。之后"体操课"受国外"体育"的影响，更名为"体育课"，体育课的内容不断丰富，除了体操之外，还引入球类、田径、武术等多种运动项目，但是存在着教材内容排序螺旋的问题，通常一学期的课分多个运动项目的教学内容，教学出现蜻蜓点水的现象，想到哪里上到哪里。由于体育课处于学校教育中的边缘地位，中考、高考对体育重视程度不够，体育教师的待遇偏低，整个社会对体育教师的认可度不如主科，学校教育体系中缺乏体育教学的考评机制。

体育界的专家不断呼吁，全社会都应该高度重视青少年体质健康，针对学生体质连续20多年下降的严峻现实，几经修改课程标准，中共中央、国务院印发了《关于加强青少年体育增强青少年体质的意见》，中共中央办公厅、国务院办公厅印发了《关于全面加强和改进新时代学校体育工作的意见》等，然而考试评价确实是根指挥棒，校长对"体育课"重要程度认识重要，校长重视体育，教师自然会重视；家长重视，也会影响到学校层对体育的重视。教育部提出"足球进校园"等措施，但是体育课程长期以来缺乏考量标准。随着20世纪90年代体育中考的兴起，特别是2020年云南省率先将中考体育提高到100分，2022年河南省同样将中考分值提至100分，其他各省区市也逐步提高中考分值。考试历来是指挥棒，教育行政部门如何评价教育教学质量决定了教育教学的走向。

醒言：体育是教育"五位一体"的重要组成部分，目的在于为健康中国、体育强国甚至现代化强国培养建设者，体育中考不是目的，体育教学内容是否具有科学性本身就被诟病，不少学者一直倡导"大中小学体育教学一体化"，如北京师范大学的毛振明教授和教育科学研究院的于素梅教授一直在积极探索"大中小学体育教学一体化"。毛振明教授戏谑"前滚翻从小学一年级滚到了大学"，充分说明体育教学内容没有呈现出结构性和逻辑关联，因此体育中考考试内容的科学性值得质疑。如果体育课只重视体育中考成绩，忽视"核心素养"，不重视终身体育意识的培养，不关注学生的运动兴趣、价值塑造和体育品德；体育中考中只关注学生运动成绩，忽视学生的关键运动能力以及运动技能的形成，必将难以使学生养成终身体育意识，难以形成 1~2 项终身从事的体育运动技能。只重视体育中考的体育课是不符合《义务教育体育与健康课程标准》要求的，这种状态的改变需要新时代师范类大学生将先进的教学理念融入教育实践，带给基础教育工作者，大学生才是新鲜血液。

考试不是目的，考试只是促进师生对体育的重视，如果重视什么就将什么纳入考试，充分说明我们还是没有摆脱"应试"的桎梏，没有重视培养学生的实践创新能力、心理素质以及社会适应能力。《义务教育体育与健康标准》提出的"健康第一"的指导思想很难落到实处，所有的课程都不是一成不变的，都需要加进教师特长、学生经验、生活经验等，正如陶行知所言，教育即生活，体育是教育的重要组成部分，也是生活技能的重要抓手，体育纳入中考和高考也是无奈之举，只有这样才能引起广大教育者和民众对体育的重视、对健康的重视，但是不能因为体育中考本末倒置，而忽视了体育课的根本性教育作用。

我只有这双鞋

今天周一，CN 中学例行升国旗，7：30，学生都在班主任的带领下陆陆续续排好队形，等待升国旗，实习生雯羽慢悠悠地从宿舍楼朝集合整队的地方走过来，穿着一双没有后跟的鞋，说它不是拖鞋是因为它前面有鞋尖，说它是拖鞋是因为它没有后跟。当她从宿舍楼走过来的时候，CN 中学的不少教师和学生都偷偷朝她看去，作为实习带队老师的我多少感觉有点不妥。

升旗仪式结束以后，我叫住了她问道："雯羽，你穿这鞋走路是不是不太方便？"

雯羽笑了笑，不以为然地说："没有啊，老师，我觉得挺舒服的。"

我见她一点都没有感觉到自己是一位实习教师，对言谈举止没有任何约束，便拉着她来到了 CN 中学的公告黑板前，黑板上张贴着《CN 中学生行为准则》，明确规定仪表礼仪和服装礼仪，如不得染发、烫发，不得穿奇装异服，不能穿拖鞋进入公共场所。另一侧张贴着的《关于全面深化新时代教师队伍建设改革的实施意见》提出打造新时代教师队伍建设，需要加强师德师风建设，教师的仪表仪态对青少年学生有着潜移默化的影响，教师必须以身示范。

我说："我们是实习生，深受实习学校和学生的喜欢，我们的行为举止无形之中影响着他们，如果你作为老师穿拖鞋，他们可能会效仿，助长不文明行为。"

雯羽不好意思又不太愿意承认自己的错误，应付道："我只有这双鞋。"

我明明知道她还有运动鞋，只不过她为了爱美或者自认为拖鞋匹配裙子，而不愿意穿运动鞋罢了。我耐心地给她讲解了实习要求："实习生必须遵守实习相关规则，实习开头不好或者没有给学生留下良好印象，将会给你的实习带来不好的经历。曾经我在带实习生时，有实习生第一次走上讲台，班上立刻闹哄哄的，还有学生起哄说'老师好漂亮'，搞得实习老师措手不及，不知道如何管理课堂，掌控课堂局面，过了好几分钟才安静下来，我教她下次记得提前进入教室，给学生熟悉她的时间，第二次上课她提早进入教室，在教室里观察学生的活动，与学生有了眼神互动，效果相当好。作为实习教师，如果仪表、头发、面部等发生重大变化，需要给学生一个适应过程。否则，影响课堂教学效果。"

雯羽若有所思地点点头，但表现出不太情愿的样子。

我非常严肃地告诉她："老师给你几天时间，今后再也不能穿这双鞋出现在校园里或者学生面前。"她看着我很严肃的样子，终于说：

"好的。"

  我自己也深刻反思：其实对实习生就应该制定严格的管理制度，除了规定实习生完成教学任务外，实习期间也应该严格执行行为规范，否则会影响实习效果。同去下乡挂职的曾博士和庄博士听我讲了这个实习生喜欢穿无跟鞋的事情后，他们非常认同对实习生做出明确规定，服装打扮要工整，不得穿奇装异服，不得化浓妆，不得戴耳钉，不得穿凉拖进教室。如果实习生做不到，可以不允许她参加实习，要求她退出实习，直到她改正为止。教师的服饰在某种程度上反映出教师的思想和品德，是师德的外在表现，教育的目的其实就是塑造具有文明素养的公民，提高中华民族的整体素质。

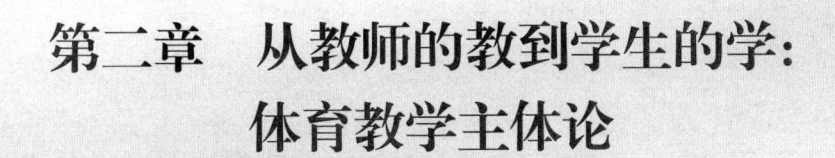

第二章　从教师的教到学生的学：体育教学主体论

老师，这样的课我喜欢

这学期学校要求开设一门新课"体育与健康学科知识与教学能力"，据说是针对师范生开设的课程，说实话，我不太了解这门课程，单从课程名称上看，就知道这是一门综合性课程。通过搜寻教材发现，《体育与健康学科知识与教学能力》是由教育部课程教材研究所编写的，它的内容主要针对教师资格证考试。随着教育事业的飞速发展，我国为了严把教师从业资质，实行一种国家统一命题的教师资格证标准化考试，也用于"国标、省考、县聘和校用"的教师准入的考试的教学指导纲要，教材内容涵盖了体育专业的主干理论课程和实践类运动项目的内容，内容综合性强。由于这是一门新开的课程，毫无经验可借鉴，我有点不知道如何上好这门课程。

"体育与健康学科知识与教学能力"涉及的内容广泛，很难落实到基础上，如果采用传统的教师讲授教学方法，肯定难以摆脱大多数理论课堂"低头一族""睡觉一族"频现的窘白。于是我参加各种教学改革的培训，希望能够找到让学生真正参与课堂、成为课堂主人的秘籍。有幸参加周三下午在教师教育发展中心举行的复旦大学教师张学新"对分课堂"专题讲座，他从教学理念上进行了阐释，所谓对分，就是要求学生进入课堂中，摆脱教师传统讲授课"灌输式"或者"讨论式"没有办法收场的困境，从某种程度上就是还课堂给学生，在整节课的不同阶段学生和教师互为课堂的中心，从而增强了课堂互动性，充分体现教师的主导地位和学生的主体地位，发挥学生的主观能动性，让学生成为课堂的主人，不再是被动地接受知识，每个学生都可以提出自己的观点。我认为教学理念肯定是紧跟时代发展的，在"互联网+"时代，传统的教学模式已经无法满足学生对知识渴求和其能力培养的需求，单从这一点知道，学生就不爱来课堂，想睡觉就睡觉，课上也存在着"低头一族""睡觉一族"。

课堂一开始，我提议面对面建群，学生都建群后我将提前在对分易建设的班级二维码发在微信班级群，让学生迅速进入对分易平台课堂，有些学生刚开始还出现抵触情绪，觉得运用互联网有点麻烦，我告诉他们这学期所有的学习资料和相关信息都将以对分易教学平台记载的为主，包括考勤、教学资源分享、互动等，如果未能进入班级群，系统将不会识别学生的学习情况，过程性考核乃至最终考核可能会给学生带来麻烦。

"同学们，开始扫码签到了。"我习惯性在课前5分钟提醒大家。

学生纷纷拿起手机，对准黑板上方的投屏扫二维码，"快快快，进行扫码，小心扫不进去了。"看到学生积极扫码，为投入课堂学习做准备，我心里感到很欣慰。

"老师，我忘记带手机了，不能扫码。"一个学生说。

"老师，我手机出故障了，扫不了码。"另外一个学生跟着说。

"好的，你叫什么名字？艾老师帮你手动处理。"

"今天这节课我们学习运动训练的方法，运动训练的方法如何分类？分为哪些具体的方法呢？"

第定同学自告奋勇站起来说："老师，运动训练方法分为分解训练法、重复训练法、模拟训练法、比赛训练法……"对运动训练方法掌握得较为熟练，于是站起来回答问题就显得尤为自信。"老师，我能找个同学配合我进行展示吗？"

为了充分调动学生的积极性，发挥学生的主观能动性，我欣然应允：

"好啊！"

"有哪位同学能上台配合我展示这些运动训练方法吗？"第定同学询问着全班同学。恒卓同学自告奋勇地上台配合第定演示训练方法，和着欢快的音乐，从不会到跟"老师"动作协调一致，以致全班学生不自觉地鼓起了掌。

"每个同学上台展示时间要限定在3～5分钟哦。"希望学生成为课堂的主体，但是不能放任学生不管，我提醒上台展示的学生需要具有时间观念，否则这节课的教学目标可能完不成。

"老师，她刚才讲解示范时，局限于……"嘉园同学站起来点评。

"点评得非常好，接下来我们小组讨论今天学习的收获与困惑。"我提示学生总结收获、提出困惑。

听完学生的讲解和其他学生的点评后，我要求各小组进行讨论，要求学生学会用语言来表达自己的观点。小组讨论完毕。

"现在老师允许自由发言，表达小组讨论中存在的困惑。"教师说完，学生纷纷举手，教师并没有让所有的学生都发言，而是随机抽取了2～3位学生发言。

"好，现在我们进行课堂检测，老师在对分易平台上发布了两道题，请大家迅速作答。"

学生迅速打开手机，开始写本节课的作业，算是对课堂学习效果的检测。下课后，何佳同学走到我身旁，兴奋地对我说："老师，这样的课我好喜欢。"

"喜欢这节课的原因是什么？"

"学生能够把书本上的学科知识与能力结合起来，既能教会学生动作，也能全面发展学生的综合素质。另外，我们可以自由地表达观点，不像以前课堂上死气沉沉。"

学生走后，我也进行了教学反思，针对大学期间所学的运动项目，并非所有的学生都精通所有的运动项目，无论何种运动项目，其运动能力都是核心素养的关键能力，体育教师需要培养"一专多能"也好，普修技能也罢，最终都需要为中小学体育教师的培养奠定基础。中小学生体育教学，注重激发学生的运动兴趣，热衷有节奏感、韵律感的身体练习，因此所有的体育专业学生务必熟悉中小学体育教学发展趋势，教师应顺应中小学体育教学改革热点，培养学生的教学能力。

  醒言：课堂上只有充分调动学生的学习积极性，以学生为主体，让学生积极参与到课堂中，才会改变死气沉沉的课堂氛围。时代在飞速发展，教师要充分利用信息化手段，有效调动学生的积极性。教师在教学中需要不断进行教学改革，引入新的教学方法和手段，始终坚持以学生发展为目标，课堂才会有活力，学习才会有效果。

教育见习示范课

  自从 2014 年 12 月师范专业认证试点工作的启动以来，广东省出台了《广东"新师范"建设实施方案》，韶关学院体育专业率先在全省开启师范认证工作，师范认证对中小学师范类专业教育要求教育实践课程不得低于 18 周，其中包括教育见习、教育研习、教学与实习工作。师范类专业认证对学科类教师服务基础教育提出了一年服务期的要求，我成为韶关学院首批下乡挂职锻炼的学科论教师之一。

  接到学院副院长的通知，我参与学生的教育见习工作，学院邀请中小学体育教师进校园，让中小学体育教师为大一、大二、大三的学生进行教学展示。从挂职的 CN 中学回到家时间已经不早，我仔细查看第二天示范课教师的授课内容——《篮球运球》《耐久跑、弯道跑》，为了让学生看课有依据，我下载了《义务教育体育与健康课程标准（2022 年版)》并发送在学习通,然后强调了看课的要求。

8:30,辅导员已经组织好学生进入北区体育馆,按照班级就座,示范课团队一路来了好几人,消防衣、雪糕筒、绳梯、塑胶碟片,器材准备得杂而多。以其中一个班级作为教学对象,其余三个班级进行观摩。第一位示范课教师授课内容为"篮球运球",我在班级主题讨论区发出问题——篮球运球的准备活动应该如何做?

学生一边观察一边记录听课笔记,不能及时进行主题讨论的回复,上师范课的教师在教学设计上将教学对象设置为"水平四:七年级学生",教学内容的运球采用了原地运球,沿着篮球场边线运球,全班学生自主运球,中间穿插了两个小游戏:第一个是"抓尾巴"游戏,让全班学生放下篮球,每个学生走到篮球场边上领取一件消防衣,将消防衣放入每个学生的口袋里,然后组织学生边拍球边扯掉另外一个学生口袋里的消防衣;第二个游戏是拾碟子,课程团队的教师在篮球场内撒下塑料标志蝶,任课教师组织学生进行拾碟比赛,看谁拾得多。当第二个游戏结束之后,课程团队的教师再次上台,在篮球场内布置4根绳梯,学生分成4组通过绳梯进行反应速度和动作速度的素质练习。

课程结束,我悄悄在主题讨论区发出问题——请你写出对这节课的看法。

有学生对我说:"老师,我觉得这位老师很有意思啊,特别是课程中穿插了游戏,活跃了课堂氛围,学生都很开心啊。我认为很好玩。"

"体育课的看课看什么?体育课评课过程中首先要明确评课的内容,应从教学设计与教学活动两个方面来进行。首先教学设计我们就不严格追究了,但是基本的运球不应该是水平四学生体育课程教学内容,水平四学生应该懂得一定的运动项目技术规则,会运用基本技术进行比赛。纯粹的运球游戏培养学生的基本运动能力,应该被安排在水平一,因此从教学内容选择上看,我认为它不符合教学对象的身心发展水平。教学目标应该明确，课堂教学结构应该具有逻辑性，教材处理应该与学生的生活实际相联系，教学方法应该多样。另外，体育教学还应该关注运动密度和运动负荷，记得我前一天晚上专门通知学生在看课时要注意把控时间，尝试计算运动负荷和运动密度，看看示范课教师的授课与《义务教育体育与健康课程标准》提出的运动负荷与密度是否存在差距。"

学生似乎有所感悟，但是没有来得及评价，就带着学生火速赶到田径场观看另一位教师的教学内容——耐久跑、弯道跑，授课教师在准备活动中让学生围成一个圆圈进行跑动，然后进行了弯道跑练习，因为天气比较炎热，所以学生的练习就是象征性进行了展示。

这节课组织了评课，所有学生围成圆圈进行，我先要求班上的学生主动进行评课，然后我来评价。我先提问："有没有人能告诉我弯道跑和耐久跑是不是一回事？它们的区别和联系是什么？"

张武同学非常主动地站起来回答："老师，我认为弯道跑与耐久跑不是一回事，这节课存在着教学内容比较枯燥的问题……"任课教师辩解道："这节课是针对初三学生的，初三学生练习弯道跑和耐久跑主要是应对中考。"

中学教师眼中的教学目标就是提高初三学生的体育中考成绩。然而作为师范类学生，需要懂得理想的体育课应该是激发学生学习兴趣，教给学生学习方法，能够运用体育与健康知识保持健康，养成健康的生活习惯，养成终身体育意识。于是我对急切想听我评价的学生说："同学们，我们需要明确不同的运动技术背后蕴含的健康知识与技能知识并不相同，当我们看到弯道跑的时候，我们脑海里马上就应该想到，弯道跑技术的动作要点是什么？我们应该如何突破弯道跑技术、提高弯道跑成绩？"

"身体向内倾斜，内侧脚的外侧着地，内侧手臂摆幅小，外侧脚的内侧着地，外侧手臂摆幅大。"张武同学立刻回答。

"正确，那么耐久跑需要我们解决哪些健康知识方面的问题？"

学生一时陷入了沉思，我提醒学生："你们记得在生理学上学习到的极点和第二次呼吸吗？耐久跑学习过程中务必教学生理解耐久跑过程中出现的呼吸困难、腹痛、双腿酸软无力等现象，出现这种现象之后需要放慢运动节奏，调整呼吸，加大摆臂力度，待吸氧量满足需氧量之后，人的精神状态得到恢复，出现'第二次呼吸'，"我停顿了下继续说道，"耐久跑是培养学生意志品质的重要手段，我们常说通过体育运动培养学生的体育品德，一定要懂得设计不同的运动项目组织形式来培养学生不同的体育品德，不能局限于运动技术或者体能练习的单一思维，那样的课程学生肯定会感觉到枯燥没有意义。"

"老师，那你说说第一节篮球课呗。"学生看完课，因为要撰写听课记录，对上课做出评价，所以他们急切想知道我会如何评价。

"由于时间关系，我就简短评价，内容的选择与水平四的学生不相符，如果是水平四的学生，选择运球应该加大运球的难度，并要运用运球进行篮球比赛，《义务教育体育与健康课程标准（2022年版）》提出'学、练、赛'的教学理念，如何设计教学比赛确实需要精心策划。我只是根据今天老师上课的内容进行设计，今天上课内容适合于水平一、水平二的学生，如果我来上，我不会使用除了篮球之外的任何器材。"

学生都瞪大了眼睛，在他们眼里，器材使用越多，课程内容越丰富，我接着说："授课教师采用了两个游戏，游戏的目的是什么？如果是想通过游戏练习学生的反应能力，我完全可以采用小朋友耳熟能详的'找呀找，找呀找，找到一个好朋友，敬个礼，握握手，我是你的好朋友'组织学生一边运球，一边去跟其他学生握手，看谁握手数量多。这样设计的目的有两个：一个是发展学生的协调能力；另一个是通过握手、敬礼，培养学生的礼仪和合作能力。"

学生似有所悟，这才想起查阅《义务教育体育与健康课程标准（2022

年版）》，发现教学内容确实与学生的实际身心发展水平存在出入，一个个睁大眼睛，求知若渴，我继续说道："既然水平一、水平二的学生不注重传授专项技能，主要是发展基本运动能力，我们能否在发展学生协调性的基础上，将安全教育融入篮球教学？"

"那怎么融入？"

"那我尝试给你们示范下？我只是举个例子啊，比如，将安全教育的报警电话融入课程教学，不限于让学生一只手拍球、运球，另外一只手拨出报警电话、救护电话以及火警电话。当然，为了培养学生运球能力和竞争意识，还可以组织学生一边运球，一边拍掉其他同学的球，这样既可以培养学生的控球能力，也可以培养学生的协调能力和竞争意识。这样的课程完全不需要其他体育器材，我们在体育课上应该充分利用场地器材，场地器材也需要事先布置好，上课过程中不可能由其他人来辅佐你安排场地器材，这节课不太符合日常体育课。"

"由于时间关系，大家也该吃午饭了，下课。"学生都陷入沉思，宣布下课后，他们似乎还沉浸在我的评析之中，似有所悟，刚开始他们以为示范课一定是非常完美的，没有想到老师会如此评价。

课后我也在反思，教育见习的目的在于让实习生明晰真实的体育课堂，思考谁是体育教学中的主体。如果为上课而准备上课，不重视学生的主体地位，眼中只有运动技术，很难将运动技术细化和深化。教师只有眼中有学生，心中有目标，才能立志发展学生的全面素质，教学设计和实施教学才有依托。健康知识为学生，运动技能靠学生，体育品德发展学生，学生永远是体育教学的参与者、实践者和创造者。在课程设计和教学实施过程中，如果以学生为主体，发展学生的全面素质，教学内容必将丰富多彩。另外，教学内容需要遵循一定的逻辑，体育教学不应该成为游戏的拼凑，而应该按照一定的逻辑顺序进行。

上课不该这样叫醒我

时间过得真快，不知不觉中一个学期就这样结束了。这个学期我采用了对分易课堂教学形式，总体教学效果强于去年的以教师为主的讲授式教学效果，毕竟这学期我都是采用教师讲解内容框架、学生自主看书学习、小组讨论、学生自由发言等形式，引导学生看书、思考问题，比过去学生纯粹听讲的效果好很多。总体而言，大多数学生会参与到课堂中，加强了生生之间、师生之间的互动，当然不排除个别学生上课睡觉的现象，但是我都是尽可能不让自己固定在讲台或者PPT前，而是在教室里来回走动，以提示上课不认真的学生。

有一个学生上课爱睡觉，我多次走到他的身旁，他总是低头打瞌睡，走了好几遍之后，我用前面学生的书甩向了他，他没有任何表示，但是他红肿的眼睛告诉我他真得很困，只是再也没有低头瞌睡了。下课了，我本打算找他谈谈，但是其他学生问我关于考试的问题，因此没有来得及找他，教室里的学生已经走光了，回到家，收到他给我发来的微信。

"艾安丽博士！刚刚上课，我承认我睡觉是不对！但是您扔书叫醒我，您觉得这是叫醒我最好的办法吗？您不知道您这种行为对其他学生来说是一种警告，但是对我来说是一种身体和心灵的伤害！我们都知道，教师同其他职业相比，最大的不同在于服务对象是人，而且是风华正茂、对知识和人格养成充满渴望的年轻人。因此，教师不仅要懂法守法，而且还要用高尚的人品去影响人、塑造人。如果有学生在您的课堂上睡觉，我希望您能用其他的方式去叫醒学生，如站着听或者站在后面听，什么时候不困了，什么时候回到座位上。教师就是帮助学生成长，或者促进学生成长的人，而不是去伤害学生的心灵与身体的人。在被您用书扔醒时，我既尴尬又恼怒，尴尬的是，我在课堂上睡觉被当场抓住了；恼怒的是，我睡觉是不对，但您当着那么多学生拿书扔我，让我无法接受。作为一个学生的提议，希望您今后不要对其他学生扔书，可以吗？"

"谢谢你的批评指正，我扔书确实不对，我知道我涵养不够，看到学生在课堂上睡觉，那种着急可能你没有办法体会，我知道我做得过分了，我应该对你说声对不起。"其实经过反思之后本该主动跟学生道歉，但是我还没有来得及给他道歉，看到他的微信主动跟他道歉，自己也觉得顺理成章，也是情理之中的事情。

看到我的道歉短信，他可能怒火消减了一大半，立马回复我："我知道，老师，对不起。老师，我睡觉确实影响整个班级还有您讲课的进度。您是一位好老师！经过这次教训，我会改正上课睡觉的坏毛病。谢谢您！敬爱的老师。"

"我知道我做得不对，下课时准备找你谈谈的，结果学生问问题给忽略了。我虽然专门在教室来回走动希望提醒你，但是效果甚微，可能是我上课无趣，否则你也不会上课睡觉，这提醒我更好地改进教学、加强自身修养。谢谢你。你不告诉我，我也知道自己今天做过了，还请你正确对待，千万不要给你的身心带来任何影响和伤害，我希望你以后无论上什么课，都尽可能不要睡觉。我完全可以不采取这种方式，再次对你说声对不起。"

"不是的，老师，您的课我基本不睡觉，可能因为昨晚弄青年志愿者的事情有点晚，所以今天上课精力不足。您的课真的很好，我很喜欢这样的教学方式。"

面对这个上课睡觉的学生，我不问青红皂白就扔过去一本书，我规定学生不能在课堂上打瞌睡，面对公然趴着睡觉的学生，没加思索就扔过去一本书，扔出去才发现动作甚为鲁莽，有可能伤害到学生的自尊，学生的自尊需要教师保护，教师应该对学生充满爱心、耐心，而不应该粗暴、鲁莽行事，否则造成的后果不堪设想。

醒言：教师需要加强自身修养，学会对课堂上学生的行为进行正面教育，对学生包容和理解，对学生循循善诱、谆谆教导，给学生树立教师的良好形象，否则教师的示范效果就会大打折扣。学生是教师关注、关心、关怀的对象，是我们教育的主体，稍不小心我们可能会伤害到他们，造成难以想象的后果，其实完全可以采用轻轻走到他身旁提醒他，或者让旁边的同学暗示他，也可以采用停顿的方式，引起全班学生注意，不能采取过激方式。

我要考研究生

又到了实习季，我们学校大四的学生一部分安排在韶关实习，一部分安排在珠江三角洲实习。接到教学院长的通知，陪同教学副院长去检查实习工作。11月13日早晨7：30从韶关出发，一路奔波，中午12：00抵达广东省中山市南朗镇云衢小学，这所学校挂有"韶关学院实习基地"的牌匾，检查实习肯定要听实习生的汇报。南朗镇云衢小学的校领导早早通知了我们的实习生，其他实习点的实习队长一路上都在询问我们到达的时间，而这个实习点的队长却没有联系，见面聊天，实习队长不太流利地说道："老师，课的节奏我总是把握不太好，完全不能根据场地器材设计教学，设计好的教案也没有办法根据现有的场地器材去实施，总是感觉不伦不类，没有适应好课堂。另外，设计好的内容学生也不一定配合，因此即便设计好了也实施不好。"

我有点疑惑："为何教学设计没有根据现有的场地器材去实施？说明备课时没有备器材，也没有备学生。"

队长似有所思："后续备课时，不仅要备器材和学生，而且还要注意课堂管理。"

"好的。"

接下来，我们马不停蹄地赶往广东省中山市建斌中等职业技术学校，实习队长汇报道："这所学校非常重视体育工作，上体育课之前先唱国歌，然后再上课，非常重视体育文化建设，全体师生坚持穿校服、戴校徽，树立了良好的校园风貌，全校两个年级，50多个班，3 000多名在校学生，除了上体育课之外，还需要参加校运会、广播操比赛、体质健康测试等活动。学生好动与不好动很难把控，很难调动学生的积极性，男生与女生差别很大，男生容易调动一些，但是女生就很难调动，她们对跑完步再进行练习特别反感，不知道如何调控好课堂节奏。"

之前在学校进行的教学模拟授课都是高校内容，模拟时长不超过10分钟，模拟学生都是同班同学，善于配合，模拟内容都是学生熟知的内容，一旦进入真实的教学环境，实习生需要认真学习如何适应教学环境，跟着体育指导教师把控课堂。

早在大三下学期，我在东联小学安排了两次体育实践课，体育专业学生欣然前往参与，课前设计让学生试讲一节，后来发现可以多安排几节，学鸣同学自告奋勇进行试讲，他自认为曾在乒乓球培训机构带过课，有一定的教学经验。

"老师，我来讲乒乓球吧，我曾经在俱乐部培训过小朋友，还是比较有经验的。"

"好啊，那你上第二节课，第二节课是三年级的体育课。"我欣然应允。

"没有问题，老师你看我的。"课前他没有做好充分准备，没带哨子，举手示意集合整队，"同学们，集合整队。"

小学三年级学生叽叽喳喳，你推我搡，他不是很利落地喊："不要讲话了。"

没有威严的口令，小学生似乎没有听见，根本不予理睬，你推推我，我拉拉他。学鸣同学跑到学生中间按按这个，这个停了，那个又在讲话，按按那个，这个又在讲话，他一副无可奈何的样子，不知道如何管理好课堂，不知不觉半节课过去了，整个班级从未安静过。后来在其他同学的帮助下整个班级总算安静了下来，他扭过头无奈地对我说："我要考研究生。"全班学生都乐了，"我要考研究生！"

其实无论考不考研究生，体育中的课堂管理都是一门大学问，开始上课之前，先树立体育教师的威信，运用好口令、口哨，为整个课堂管理打下良好的基础。另外，课堂设计的实施过程需要具有一定的合理性，教师的思路要清晰，否则难以掌控教学节奏。

两年后，学鸣给我发来两条微信："艾老师，能帮我看看论文吗？我感觉挺多地方需要改动，但是说不上哪里不对。19号要送外省审核。我导师太佛系了，放养了两年。""艾老师，我想问一下体育课说课要怎么准备？我对说课完全没有想法。艾老师，您应该睡着了吧，明天看到信息就回一下哈，这么晚打扰了。"

醒言：课堂节奏把控在于充分考虑教学主体的主观能动性，充分考虑教学对象的年龄、性格、地区、兴趣爱好、学习起点，如果备课只是对教学进行设计，完全不考虑客观因素，单纯地谈把控课堂确实有难度。此外，把控课堂不可能一蹴而就，需要在教学实践中不断积累经验，教师在积累经验的过程中需要始终坚持"学生的主体地位"，让学生成为课程资源的重要组成部分，否则很难达到理想的体育课堂效果。体育教学实践任重而道远，需要我们坚守"以学生为主体""健康第一"的初心，砥砺前行。

你让他们严肃点

　　我参加过基本功大赛的培训课，发现学生一直希望得到一个"标准答案"，我本来想告诉学生思路，让他们去发挥，但是学生习惯了"模板"，并且还说要背模板。我做不到让学生背模板，只是想让他们理解，然后加上自己的创造进行发挥，结果学生硬是不予理解，王诗文同学甚至说："没经验。"

　　通过学生模拟授课，发现学生的站姿和教态都存在问题，学生完全没有授课经验，口头表达存在问题，不懂得组织教学过程，原本打算给他们一点新的活力，估计也做不到了。如果给他们的元素多了，他们不是在理解，而是靠记忆，不能灵活使用，这也是很大的弊端。我需要如何引导？我真的不知道怎么办。如果在他们授课的过程进行讲解，唯恐学生说我打乱了他的思路，事实上，第一个勇敢走上讲台讲课的学生花时约30分钟，也许我不该过多干涉，就让他们自己按照上课的程序讲课就好。在学生试讲课的过程中，其他学生总是心不在焉，配合很不默契，以致学生说："老师，我以前也是当过教练的，也可以算是半个老师，我自己感觉讲得很好，但是在这里上课，他们完全不认真，搞得我的思绪全是乱的。能否让他们认真点？或者上课只需要8个人的话，就只让8个人上课。""老师跟你有同感，只要学生不认真，老师的热情一下子就没有了，这叫作教学相长。"

　　下一节课，我该改变策略了，每个学生10分钟，讲完讲不完都得讲。

　　下午试教，原本安排刘志鸿第一个、郑吕雯第二个，但是郑吕雯打电话给我说不要每次都把刘志鸿放在第一个，因为"他怕"，这样对他不好，于是经过协商，把能言善辩的刘育放在了第一个，后来是刘志鸿试讲"有理数",在自我介绍环节,刘志鸿已经教态大方,声音洪亮,不再是自说自话,而是懂得与学生适时互动。

劳动者最光荣

CN 中学向来注重学生的文化教育,历年期末考试成绩和中考成绩位于榜首,已经成为 SX 县乃至广东省远近闻名的示范学校,吸引了省内外不少学校前来观摩与学习。学校在校园文化建设上也建立了"综合实验教育示范基地",主要以劳动教育基础为主。劳动教育基础除引导学生对学生宿舍、校园操场进行打扫外,还专门建设了一块劳动基地——菜地。这块菜地分配给每个班级一小块,每年春季和秋季都会翻地、播种、除草、浇水、施肥、收获、分享,让学生感受农作物的生长过程,在劳动中认识农作物的生长过程,体验劳动,在劳动中挥洒汗水,结识友谊,培养责任心。每块菜地里都竖立着一块班级牌,每块牌上都写着班级独具特色的口号,如"七一七一,永争第一",这样的口号激励着学生积极参与劳动,担负起班级劳动的责任,养成他们的劳动情感,培养学生从小参与劳动、热爱劳动的情感。

实习生育柳像发现新大陆似的对我说:"艾老师,好有意思啊,我今天第一次发现,这里的学生太爱劳动了,一群人在劳动,一个男生居然说'让我来,你们休息吧',我从未听过自己干活,让他人休息的,太让我震撼了,这里的学生真得很热爱劳动。"

"这里的学生大多来自农村,农村的学生从小接触农活比较多,很多学生家长外出打工,有的学生单独住在家里,没有人陪伴,他们从小就养成了热爱劳动的习惯。"

"老师,我觉得这里的老师的一些做法不对,虽然这所学校算得上远近闻名的'好学校',管理好、纪律好、学生品德好、文化成绩在同类学校中也是屈指可数,但是有些老师经常讲'会种菜、会画画有什么用',这样的表达我认为非常不妥当。"

"那你觉得应该如何表达?"我很好奇,实习生居然有这样的思考,因此想听听他的看法。

"我认为老师应该这样表达:同学们会种菜、会画画,一定能够学会其他的。"

这个实习生的表达显然对学生能够起到激励的作用,我回应道:"是啊,你这种表达更加合适,我们国家大力提倡劳动教育和美育,甚至提出了将美术列入中考,培养学生的审美意识和情趣。"

育柳似乎还没有说完,接着对我说:"艾老师,他们说得更难听的是,不好好学习将来就要捡垃圾,他们存在着职业歧视,捡垃圾看起来没有什么含金量,靠变卖废旧物品维持生计,但是靠自己双手劳动维持生计也没有什么不妥,更何况,我们这个社会需要各种职业来维持社会的正常运转,如果没有人捡垃圾,垃圾将堆积成山,我们的生活环境将恶劣不堪。"

育柳对教育主体的思考,跳出了"万般皆下品,唯有读书高"的传统理念,他深知随着高等教育大众化、普及化,教育的目的在于提升劳动者素质,大量的大学生毕业就失业,"啃老族"、四肢不勤者越来越多,面对现实,我国提出的社会主义核心价值观中社会层面的价值取向应该是自由、平等、公正、法治;公民个人层面的价值取向应该爱国、敬业、诚信、友善。"我也觉得每一种职业都有其存在的价值和意义,劳动、绘画有助于培养学生的实际动手能力和审美情趣。"

育柳如释重负地说道:"是的,我们要引导学生热爱学习、热爱劳动,全面发展,不能诋毁任何职业,老师,今天是劳动节,劳动最光荣,劳动节快乐。"

"CN 中学的很多教师和领导看重学生的考试分数,这不是这所中学独有的现象,自古人们崇尚'万般皆下品,唯有读书高',这是很多人拼尽全力改变命运或者进行阶层突破的重要通道。随着时代的变迁,中考、高考已经不再是"成功"的独木桥,新时代对人才培养的目标是培养有创新能力和实践能力的社会主义事业建设者和接班人,办学理念直接影响着一代人,"十年树木,百年树人",现代社会日新月异,学生需要在做中学,在学中做,引导学生学会学习、学会做人、学会做事,培养学生的综合素养。青年教师的理念更新较快,年长教师虽然具有丰富的教学经验,但是在教学理念上确实需要不断加强培训,做到年年新、月月新、日日新。

醒言:教育要秉承"人民至上"的理念,始终坚持发展青少年的全面素质,劳动是提升学生实践能力的重要途径,教育部发布了《义务教育劳动课程标准(2022年版)》,劳动课正式纳入国家课程,课程标准是组织教学的航灯,用毛振明在《体育教学论》中阐释的"体育教学全景图"来看,教育目标是宏观、长远的,能够分解成阶段性的体育教学目标,如学段教学目标、学年教学目标、学期教学目标、单元教学目标、周教学目标与课时教学目标,应将长期目标与短期目标相结合。教育到底为了谁?是希望青少年"高分进高等学府",还是为青少年的幸福人生奠定良好的基础?

对学生而言,优秀的品质是在社会实践活动中逐步形成的,学生热爱劳动说明学生具备吃苦耐劳的优良品质。教师要因势利导,不能只注重文化学习,还要培养社会主义事业建设者和接班人,培养有实践创新能力的人。在义务教育阶段,应该培养学生良好的学习习惯和热爱学习、热爱劳动、热爱生活的良好品质,引导爱劳动、爱画画的学生平衡好学习与劳动、爱好之间的关系,正确发展,而不是因噎废食,抹杀学生的兴趣爱好和优良品德。

关注学生心理健康

　　这学期的下乡挂职锻炼不知不觉时间已经过半，我每个周末穿梭在市区与 CN 中学之间，由于实习生在实习学校都有自己的实习指导教师，我不过多干预他们，除带课间操和体育课外，大多数时间都在自己的办公室。中途，我出去学习了半个月，感觉好久没有见到实习生了，因此趁着午饭时间跟他们聊聊最近的实习状况。

　　剪梅总是那么有条理和规划，主动跟我聊起这段时间发生的事情："艾老师，上个星期学校进行了第一阶段测试，作为实习老师我们参与了第一阶段测试的监考工作。考前，学校召开了一次教师会议，针对阶段测试的安排进行了详细的解说，我们也更加了解了自己工作的内容和注意事项。另外，学校还重点强调教师要关注学生的心理状况，建立问题学生档案。这段时间以来，新闻报道了学生跳楼的事件，这也给教师提了一个醒。新时代的学生更加有自己的想法，作为教师，我们要适应这种变化，了解这种现状，以新的态度和观念面对学生。"我听着她的讲述，点点头，示意她继续说。

　　"说到这儿，我不由得想起七年级二班发生的事，当时班主任汪老师在与学生聊天时，不经意间发现一名女同学的手上有几道划痕。班主任细心地和同学们了解情况，并对班上的同学进行排查。经过排查，班主任发现一共有 6 名同学有类似的情况，情况比较严重的是这名女同学和她的室友。"

　　我问她："你是跟班实习老师，知道怎么合理解决吗？"

　　"我主要是跟着班主任汪老师进行调查。经过多方面了解，我们才知道，原来这名女同学在小学时心理就不太健康，她的家长也了解这个情况。她的家庭情况比较复杂，母亲因为交通事故在监狱服刑。这名女同学并不了解母亲坐牢的原因，而父亲也从未向孩子解释过。她的父亲在第二年与母亲离婚了，现在另娶了妻子。这名同学很可能是由于家庭原因才行为异常。另外几名学生的家庭中也有类似的不如意之处，因此她们在聊天的时候就会心有感触，偶尔出现自我伤害的行为。还有几名学生是因为跟风，寻求新鲜和刺激。"

"班主任和年级组长了解了这件事以后，及时找到这几位同学进行沟通和教育，耐心劝导，告诉她们如果因为心情不好就自我伤害，轻则伤身、重则伤命，就算生活不如意，也要选择正确的渠道排解情绪、宣泄不满，要学会向同学、老师或家长倾诉，及时沟通，敞露心扉，及时清理心理垃圾，确保生命安全。"

我问她："从这件事情中，你学到了什么？"

剪梅很自信地说："老师，这件事情结束后，学校安排班主任对学生的物品进行排查，收缴利器，并对同学们进行了安全意识教育和生命教育。有人说'幸运的人一生被童年治愈，不幸的人一生都在治愈童年'，我非常赞同这句话，一个孩子的性格和心理的形成的确和他的成长环境有着非常密切的关系。我觉得班主任必须要细心，而且还要有耐心和爱心。"

是啊，一些学生的父母常常外出打工，他们把学生送到学校之后，只关心孩子是否吃饱穿暖和每次考试取得的成绩，从而忽视了孩子的心理健康。李政涛曾说："教师要用经验、爱商和智慧影响学生的心智、品质发展，帮助其激发潜能、唤醒内驱，让学生具有思考和行动的能力。

教育只有回归生活，才能实现其价值理性，完成从"工具人"到"主体人"的转变。

醒言："健康第一"不仅指身体没有疾病，而且还指心理没有疾病。如今，心理健康已经成为影响青少年健康的重要因素，体育教师应该发挥体育对青少年学生心理健康的促进作用，上好体育课，在体育课上组织丰富多彩的体育活动，引导青少年学生多参与；组织好课外体育活动，多与青少年学生互动，了解他们的家庭情况，倾听他们心灵的声音，尽体育教师的力量帮助他们克服青春期的叛逆情绪和孤独感。心理健康问题应该引起全社会的关注，我们应倡导家庭、社会和学校齐抓共管，为青少年的幸福生活营造良好的氛围。

我是"学渣"

作为实习带队老师，原本要求实习生每天早晨参加学生的晨练，养成良好的作息习惯，可是实习生在第一周刚到校时参与，之后逐渐变得慵懒。随着年龄的增长，每天早晨的起床铃，每一声广播都让我无法贪睡，于是照常起床参加晨练，晨练完信步走上教学楼了解学生的晨读情况。走到二楼，书声琅琅，有的班传出集体朗读的声音，特别是当我走近时，读书声整齐地发出，大约都是九年级的学生，晨读组织得比较好。顺着楼梯上到三楼，发现教室里居然没有几个人，随口询问：

"咦，教室怎么这么少的人？"

"老师，他们去吃早餐了。"

"你为什么不去吃早餐呢？"

"老师，他们是学霸，所以不去吃。不过我是学渣。"一个男生指着对面的一个男生和一个女生说。

"你为什么说自己是学渣？"

"因为我记不住英语单词。"

"记不住英语单词就是学渣了？"

"我每次英语才考五六十分。"

"你是不是没有掌握学习的方法？你是否有及时复习的习惯？你是否有课后回顾老师讲解内容的习惯？你能不能在课下迅速想起这节课老师讲了哪些内容？你能否做到午睡前回顾一遍，晚上睡觉前再回顾一遍？晨读时看看那些没有记住的内容，这样的效果是否好一些？"我提醒他。"记单词时是否可以边朗读边抄写？好记性不如烂笔头，你要是在边读边记的过程中注意了写，效果是否好一些？不要轻易把自己定位成学渣，记不住单词就是学渣了吗？每个人都会遗忘，但是会记住一些强化的东西。有时候你见了某人一面，但是如果长期不见，就会忘记这个人，更何况单词？你试试，下次老师专门来找你问效果。"

"谢谢老师。"

离开了教学楼，我思绪万千，学渣是近年来网上流行的词汇，通常是指学习不努力或者学习不理想的学生。记不住单词是不是学渣？遗忘和保持对知识掌握和考核至关重要。德国心理学家艾宾浩斯对遗忘现象做过系统研究，他将无意义的音节作为记忆的材料，然后把实验数据绘制成一条曲线，称为艾宾浩斯遗忘曲线。艾宾浩斯遗忘曲线告诉我们，人们在学习过程中的遗忘是有规律的，在记忆的最初阶段遗忘的速度最快，后来就逐渐减慢了，经历一段时间后，基本上就不再遗忘，也就是遗忘的发展规律是"先快后慢"。如果学完知识不及时复习，一天之后知识就只剩下原来的25%了，随着时间的推移，遗忘的速度减慢，遗忘的数量相应地减少。

从某种程度上说，学渣是一种自我否定，久而久之，带给学生的不仅是挫败感，而且还有自信心不足的心理问题。2020年9月10日，《广州日报》报道了方滨兴院士的观点"教育要以培养学生自信心为核心"，培养学生的自信心需要教师细致入微的观察、体贴入微的关心、因人而异的方法，教书育人不仅在于教书，更在于育人，将学生培养成为有自信、有责任、有担当、有能力的社会主义建设者和接班人。

醒言：教育的真谛在于唤醒，教师应该引导学生对自己进行正确的定位和认识，从而起到正向作用，发挥学生的学习潜能，在教学过程中要善于激励学生，唤醒学生的学习动机！

有人欢喜有人忧

今天是开学的第一天，我怀着忐忑的心情走进教室，"体育与健康学科知识与教学能力"是一门新开设的课程，它涵盖了运动人体科学学科基础、体育人文社会学科基础，以及各运动项目起源、发展和竞赛方法等学科知识。运动人体科学包括运动解剖学、运动生理学、体育保健学、运动生物化学等科目；体育人文社会包括体育概论、学校体育学、体育心理学、运动训练学等学科；运动项目知识涉及田径类、球类（如篮球、足球、排球、乒乓球、羽毛球、网球等）、游泳、武术、体操以及新型体育运动项目知识的起源、发展、赛事规则和运动训练方法。这门综合性极强的课程到底应该如何上？"体育与健康学科知识与教学能力"是我校根据《关于全面深化新时代教师队伍建设改革的意见》的时代要求，积极实施《广东省"新师范"建设实施方案》，参与"师范认证"工作，体育学院率先申报师范认证工作而开设的新课程，新课程对于任课教师和学生都将是前所未有的挑战。

一门新课，尤其是开学第一课，往往对本学期学生的学习起到关键作用，如何上好开学第一课至关重要。开学第一课的开场白对于上好第一节课、给学生留下良好印象起着重要作用。

开课之前，我做好了充分准备："同学们好！这学期由我与大家共同学习'体育与健康学科知识与教学能力'这门课，这门课程涵盖了主干理论课程、运动项目类课程知识和体育教学能力。这门课程是我校教务处于2017年春季对所有师范类专业要求开设的必修课,'体育与健康学科知识与教学能力'是2011年以来,我国为了加快教师队伍建设,推进体育事业的健康发展,严把教师从业观实行的由教育部统一组织命题的标准化考试内容,也是国标、省考、县聘、校用教师准入制度中的必修内容。也就是说,如果你想成为一名体育教师,必须学好这门课,而这门课内容广泛,时间与2学分的课时等同。我们应该如何上好这门课呢?"

"老师,你讲我们听呗,"花儿同学笑嘻嘻地说,"我们都习惯了'老师讲,学生听'的上课模式。"

"可是这门课的内容你们都学过啊,运动解剖学、运动生理学等内容一学期有64学时呢。上过64学时的一门课,在我这门课中该占多少比例?我再讲的意义在哪儿呢?"我用眼睛巡视着教室,希望有学生能够给我答案,但是整个班级似乎陷入了深思,大学理论课堂"教师讲,学生听"成为一种固有模式,他们也不知道这门课应该如何上,这门课能够带给他们什么样的体验与收获。

"我打算以实践为主,从体育理论知识的回顾到课程教学设计、体育教学实施、体育教学评价的角度来讲这门课,从而体现学生们运用知识的能力,因此这学期我将采用对分易课堂教学模式,并以当堂对分与隔堂对分的形式,注重学生体育教学实践能力的培养。考核评价采用'平时表现(考勤、作业、上课发言或展示)50%+期末测试(标准考试、说课、模拟上课)50%'的方式进行,更加关注学生平时表现,我认为学生平时认真参与课堂学习,注重过程性学习,期末考试合格应该是顺理成章的事情,同学们觉得如何?"

袁同学站起来真诚地建议道:"老师,你能不能事先把任务布置下去,让同学们先准备,然后上课发言,否则对于你讲过的内容,我们还是没有印象,完全记不住。"

"如果小组中的个别同学出工不出力怎么办？"

"老师，总会有一部分同学不认真学习，无论你采取什么办法，都不可能照顾到每个学生，每个学生的要求是不同的。"

课后，袁同学找到我，跟我聊起："老师，你需要严格考试，否则一些同学认为平时分数这么高，容易通过，会满不在乎，不认真学习，而有些同学则会很欣赏老师的严格要求。"

醒言： 教学有法，但无定法，贵在得法。针对不同的教学内容，教师应该根据自身特点、学生学情、教学内容、教学时间和效率等进行综合考量。对于培养体育教学能力的课程，教师更应该让学生在做中学，在做中学会合作，提高学生解决问题与分析问题的能力，小组合作中需要明确学习任务，减少或者避免"南郭先生"的存在。

第一次公开课

2018年4月，学校安排了全校性公开课，这是我进入韶关学院以来第一次上全校性公开课。全校性公开课的课程安排张贴在校园网，我对此充满了期待。上课的那天早晨，我穿着一身正装，迈着轻盈的步伐走进教室。好几个学生在讲桌前拷贝PPT课件。其实一大早我就在班级微信群提醒学生不要迟到，有的学生甚至在班级微信群戏谑"艾老师喊你们起床啦"。

"艾老师，您先讲还是我们先讲？"有的学生已经跃跃欲试。

课堂教学以教师为主导，我不假思索地说："当然是艾老师先讲。"

环视教室，早到的学生已经帮忙把PPT打开，本来以为全校的公开课会有很多教师来听课，但是学生座位后面只有红梅老师一个人，我暗示自己，无论来多少人听课，我都应该秉承"以学生为中心，以学生发

第二章 从教师的教到学生的学：体育教学主体论

展为目标"的理念，从教师的教转变为学生的学。于是我按照教学设计的课堂导入内容。

"同学们，在所有的运动项目知识中，作为体育专业的学生，你们认为哪些运动技能在广东运用最广泛、受众最多？"

学生异口同声地说："游泳。"

"正确，由于广东夏季时间长、气温高，游泳既是强身健体的手段，也是保护生命、免受溺水伤害的重要技能。首先，由于广东省特殊的地理、气候条件，游泳产业发展火爆，为体育专业学生就业开辟了新途径；其次，游泳成为清华大学每个学生必备的运动技能，否则不允许毕业，只有掌握了 1～2 项运动技能，学生才能够坚持终身体育，养成健康的生活方式，切实落实中共中央、国务院的《健康中国2030规划纲要》。为了促进学生的体质健康，国务院办公厅在 2016 年印发了《关于强化学校体育促进学生身心健康全面发展的意见》，这是 2014 年教育部《关于强化体育课和课外体育活动》之后的又一措施。从这些文件的出台，我们很欣喜地看到国家对学校体育的重视与保护，从某种程度上来说，学校体育未引起足够重视的情况长期存在。"

我继续说道："运动项目知识不是这节课应该深入讨论的，这节课将从运动项目的训练方法和训练规则转移到学校体育学的学习，在学习的过程中，我们需要掌握学校体育学的结构框架，看看学校体育学的哪些内容是与以前学过的知识和内容相通的，联系在哪里，区别又在哪里。接下来，我对整个学校体育的环节进行梳理，学校体育分为四个部分。第一部分是总论，涉及学校体育与社区体育，学校体育与现代社会的关系和学校体育的思想变迁，但是在体育与健康学科知识和教学能力中，我们主要要求学生掌握学校体育的思想变迁，这里我们将其分为国外学校体育思想和中国学校体育思想。关于国外学校体育思想的产生，我会提到希腊文明的产生地。希腊是文化的产生地，也是体育的产生地，奥林匹克圣火就是在这里点燃的,其中最为典范的就是斯巴达和雅典。斯巴达是军事化城邦,全民皆兵,它的学校教育中体育内容占据着重要的地位。希腊时代到中世纪神学统治时期的学校体育产生了艺术,体育这种'不实在'或者说'没有实用性'事物的存在创造美学,但是在神学统治时期,教会的教堂是没有体育的,庙宇关注的是神而不是人。文艺复兴时期到资本主义初期,由于人本主义的出现,让·雅克·卢梭的《爱弥儿》、约翰·洛克的《教育漫画》、夸美纽斯的《大教学论》都提出了体育的思想。代表性观点可能是奥地利高尔霍菲尔的'自然体育'学院,然后是美国的'新体育'(自然主义),第三种就是苏联教育家凯洛夫的体育思想,即'三基'教学(基本知识、基本素质和基本技能)。我国学校体育思想先后效仿了日本军事国民体育思想、美国的自然主义思想和苏联的体质教育思想,当然随着时代的发展,体育的体质教育思想显现局限性,于是出现了快乐体育思想、成功体育思想和终身体育思想。"

接下来,我介绍了体育课程和体育教学模块,这是本次课的重点和难点,还介绍了课余体育活动的特点、组织和实施以及学校体育管理,学校体育管理包括学校体育工作条例、学校卫生工作条例、体育政策制度、体育教师和体育环境四个模块。我本打算主讲学校体育的目标、结构和功能以及体育教学的目标与制定要求,但是我在做PPT时忽略了体育教学目标的制定要求。课程内容的主要框架讲完以后,接下来是内化吸收环节,当然我给学生布置了任务,让学生对教学内容进行熟识,然后按照事先分好的小组进行课堂讨论,说出"亮闪闪、考考你和帮帮我",各小组学生积极参与讨论,争先恐后,举手发言,对自己和同学进行点评,评价内容从教态、表达逻辑到阐述的内容,从教师仪表仪态到教师的语言表达和逻辑思维,充分反映了学生对基层体育教师的高要求。

学生积极踊跃发言、点评,我进行了答疑解惑。

有位听课教师点评:"哎呀,学生居然积极参与,自由发言,这需要多广博的知识面啊,真不容易。"

教学院长点评:"雅斯贝尔斯在《什么是教育》写道,教育就是一棵树摇动一棵树,一朵云推动一朵云,一个灵魂唤醒另一个灵魂。教育是以德育德、以行导行、以智启智、以性养性、以情动情的过程。每一位优秀教师,都是一面旗帜,艾老师的课堂真正做到了唤醒学生的灵魂。"

"你们过奖了,我只是觉得对分易的理念就是改变传统的教学模式,将教师主体转换为教师和学生双主体,我们要深刻理会'对分'的含义,对分只是一种理念,教学环节如果有学生思考、讨论、展示、点评,最后提交课堂作业这样一个流程,学生的学习态度和学习积极性会明显改善。对分易软件很好用,刚开始学生不愿意扫描二维码进群,对这种点到方式或者学习模式有所抵触,我进行了现代体育教学理念的讲解,循循善诱,学生终于都进群了。现在学生上课积极,且习惯性地上课就点到,自由发言、点评他人都需要课后对教材内容进行复习、预习,温故而知新,联系旧知,引出新知,建立新旧知识之间的联系,转变为以学生学习为主的教学模式,从而改变了教师课堂上'满堂灌'的现象,激发了学生学习的主动性,真正实现了'学生主体'和'以学生发展为中心'。课程性质不一样,对分模式也不一样,可以当堂对分,也可以隔堂对分,对分在不同学科中的运用存在差异,对分课堂既具有普适性,又根据学科特点存在个性差异。谢谢你们的肯定。"

领导和同事听完我的课,给出的赞扬让我很欣慰,至少肯定了我在教学中"以学生为主体,以学生发展为中心"的理念。我从小就立志成为一名教师,当一名学生喜欢的好教师,我与好教师之间还有一定的差距,这也是我今后努力的方向。

醒言:全校公开课展示的是一种先进理念,展示的是先进的教学方法。教学方法包括教师的教和学生的学两方面。教育方法服务于一定的教学目的,不应该是僵固的模式,如果离开具体的教育者、受教育者、教学任务和教学内容，根本不会存在"合适"的教学方法，教学方法对知识的传授、教育教学能力的培养、思想品德的培养和价值观念的塑造有着重要意义。"对分课堂"教学方法既受益于体育专业相关知识，旨在发展教育教学能力，也受益于教学内容，着眼于中小学学科知识与教学能力。以教师主导的讲授型教学法完全不能适应该门课程的教学，针对教学能力的培养，必须以学生自主学习、合作探究、自主展示或集体展示为主导。"对分课堂"对大学生的身心特点来说，能够达到事半功倍的效果，加之现代信息网络的发达、手机使用的普遍性，都为对分易教学提供了良好的条件。任何一种教学方法的使用都有其适合的系列条件。

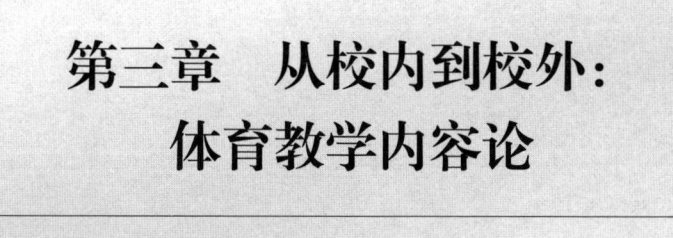

第三章 从校内到校外：体育教学内容论

小马过河

上学期期末，我接到教研室主任的电话，要分配下学期教学任务，教研室主任让我教授"体育与健康学科知识与教学能力"这门课程，这门课程到底是什么课程？主要包括哪些知识？我能否胜任？说实话我心里不停打鼓，没过多久，教研室主任又打来电话，说另外一个教教学论的教师说这门课是他教的课，主动要教。对我来说，领导怎么分配我都会积极配合，于是答应了。没过多大会儿，教研室主任又打来电话，说领导不同意，还是需要我来教"体育与健康学科知识与教学能力"这门课。通过上网查询，我发现这门课大多是由中公教育组织的考试模拟复习资料，找到高等教育出版社出版的教育部考试中心教材研究所组织编写的适用于初级中学教师资格申请者的《体育与健康学科知识与教学能力》教材，于是果断采购、选用这本教材。

说是一本教材，其实是大学四年主干课程的综合，这本教材采用模块进行划分，把学科知识列为模块一，体育教学设计列为模块二，体育教学实施列为模块三，体育教学评价列为模块四。从整体架构上来看，学科知识与教学能力的重点在于教学能力的提升，模块二、三、四原本属于"学校体育学""体育教学论"中的知识，但是单独列出来，可见其重点所在。模块一分为三章，第一章"运动人体科学知识"的第一节是"运动解剖学知识"，第二节是"运动生理学知识"，第三节是"体育保健学知识"，第四节是"运动生物化学知识"；第二章的第一节是"体育概论知识"……对于这门课程，选用的教材应该如何使用？我没有任何可以借鉴的经验，询问其他同类院校，鲜见开设这门课程。尽管课前我做了大量的准备工作，但是当要求学生掌握大学四年所有的主要科目内容的时候，我还是感到无所适从。既然接受了教学任务，那就学学"小马过河"。

开学第一节课，我就开诚布公地跟学生讲："同学们，'体育与健康学科知识与教学能力'算是一门课程吗？"

"老师，这里面有好多门课程呢！"

"是啊，这些课程中的很多内容都是我们学过的，并且都以一个小节的形式出现，大家认为我们该如何学习才会达到最佳效果呢？要不每个章节选派学生上台讲解，检验你们对学科知识的掌握程度，同时培养学生制作PPT、语言表述以及提炼学科知识的教学能力？"

学生居然鼓起掌来，看来是对我提议的回应，把大学阶段已学的知识讲给同学们听，这对学生来讲，俨然是一种挑战，也是学生锻炼教学能力的好机会。

"老师，是否每节课之前都给我们布置好教学任务，分配给每个小组？那样的话我们课前准备会更有针对性。"

听到学生的建议，我赞扬地点了点头。十门理论课和十门运动项目的知识融汇在这一门课中，我到底应该如何重组教学内容？教材内容大部分都是学生学习过的，如果按照教材来授课，肯定存在着"炒冷饭"的感觉，无法激起学生的学习兴趣，另外用一节课来讲原本一学期学习过的教学内容，学生所获也会受限，那就提前选择、重组教学内容，让学生进行讲解，如果出现困难，老师再进行指点迷津。

"老师，只有任务分到小组了，小组长才能感觉到身上的重担；分给小组的个人了，小组成员才有紧迫感，也才能互帮互助，内化吸收这些知识。课前预习能为课堂上的尽情表现、教育教学能力的提升做好铺垫，在这么短的时间内,学生完全掌握那么多知识不太现实,但分小组、分知识点各个击破应该可行。"

"好,谢谢你的建议。"其实面对庞杂的教学内容,教师需要提前对教材进行重组,划分重难点,分清主次;面对新教程,教师应该对整本教材做到心中有数,而不应该是"小马过河",教师有一缸水,学生才能有一瓢水,听完学生的建议,我有了重新梳理教学设计的思路,应该明确"教学主体",重构教学内容,每次课前才能给学生明确的任务,才能为下一节课做好充分准备。

醒言:"体育与健康学科知识与教学能力"知识广泛,包括的学科知识太多,是否需要教师全部讲,是否需要教师对教材内容进行重构?应该夯实学生的学科知识,还是通过夯实学生学科知识来提升学生的教学能力?党的十八大提出"立德树人",发展学生的全面素质,但是针对新学科,教师就是"小马过河",很难摸清楚内容深浅、难易程度,需要在教学实践中不断积累经验,也需要教师对学期进行教学设计,重构适合学生发展的"体育与健康学科知识与教学能力"的内容体系。

重点在哪里?

自2017年以来,师范类专业均开设了"学科知识与教学能力"这门课程,"学科知识与教学能力"成为师范类专业的必考科目,但此门课程的教学内容庞杂,关于如何让学生在夯实学科知识的基础上发展教育教学能力,我一直在努力探索。在进行教学设计时,我将运动人体科学内容中的"运动生理学"内容作为重点模块,这样设计的原因包括以下两个方面:一是体育课程中运用的运动生理知识是促进健康的重要内容;二是要关注学生的学习需求,部分学生不打算直接考编制,而是全身心备考研究生，如果拟考研究生学生的近期目标与这门课程没有关联，他们的学习动力有可能不足。

第一节课除了介绍本门课的主要内容、拟采取的教学方法之外，还对"运动生理学"进行了知识图谱展示："同学们，运动生理学知识是体育与健康课程中重要的模块，运动生理学知识为体育与健康课程'健康第一'的指导思想的树立提供依据，作为一门单独课程，它曾经被安排了64学时，现在成为本门课程的一个小节，我们到底应该掌握哪些知识呢？一本书的教学内容让同学们在1~2节课中讲出来，显然任务过重，那么分章节可能也会存在难点，我们主要想将运动生理学中与体育课程紧密结合的知识点进行内化、展示。"我在讲述的过程中，看到有些学生如释重负，甚至有学生说："嗯，这样压力就小多了。"

"根据教材内容，我们现在布置任务到小组，由小组再去划分具体任务。请听任务，第一小组准备氧运输系统知识，第二小组准备运动对心血管系统影响的知识，第三小组准备人体在竞技状态下的功能变化的知识，第四小组准备人体技能形成规律的知识，第五小组准备运动与呼吸系统相关的知识，第六小组准备身体素质的生理基础……下课之后，小组长要对章节内容进行具体分工，并对讲授内容进行统筹。"

再次上课的时候，不用老师提醒，有些小组的学生课前已将展示内容拷贝在电脑上了。看着学生认真积极的样子，我非常期待学生的展示。"同学们，这节课由各小组进行教学展示，我看到有些小组已经做了充分准备，接下来我就将时间交给同学们，请各位同学认真听讲，看看讲课的同学设计的教学目标是否明确，教学内容是否符合课程目标，重难点是否突出，教学方法是否合理，语言表达是否流利，教态是否自然。谁先来讲？"环视教室，张小川同学主动站起来，我示意他上前，他自然地走上讲台："我们小组通过讨论，主要想介绍人体竞技运动功能状态的几个阶段，分别是赛前阶段、准备阶段、工作阶段、恢复阶段、超量恢复阶段……我讲完了。"

"我们需要学会教学反思,你先对自己的讲课进行自我评价,这也是新课标理念中需要多元主体进行评价的要求。"我当着全班学生对张小川说。

"我认为PPT做得欠美观,在知识讲解上内容应该还算全面,课本上该有的知识点我基本上都讲到了,缺点是对内容熟悉程度不够,表现得有点紧张。"

还没有等张小川自评完,袁四行同学激动地站起来说:"老师,我想对他的讲课进行点评。"看到学生主动站起来点评,我欣然应许,他能积极响应互评环节,从某种程度上来说,这既是对基础知识点的夯实,也是自身批判思维能力提升的良好途径,于是我说:"好,我们欢迎袁四行同学进行点评。"

"老师,我认为他对各个阶段的分类和概念内容泛泛而谈,没有突出教学重点。这些内容都是已经学过的内容,在讲解时应该重点突出体育课程中能够运用的生理学知识。我想展示下我制作的PPT,我对自己准备的内容进行讲解。"

评价确实切中要点,我点了点头,表示对他评价的高度认可。他接着说:"下面我想展示我们小组准备的教学内容。"他一边说,一边打开提前拷贝在电脑上的PPT,PPT色彩对比鲜明,字号行距相得益彰,整体排版清新,然后他以大方得体的教态进行讲解,语调抑扬顿挫,音量适中,有学生直接叫了出来:"哇,讲得好好啊!能不能再讲一遍,我还没有听懂。"

袁四行同学非常不屑地说道:"课前不认真预习,非常简单的内容,你们不提前做准备,不分清楚教学重难点,眉毛胡子一把抓,肯定搞不清、搞不懂。"

看到场面较为尴尬,我立即解围:"这些都是已经学过的知识点,同学们如果上课认真听讲，这些内容都不是问题，对于已学内容，我们就不浪费大家太多时间，同学们的基础有强弱，记得课下查漏补缺。"课后，女生们纷纷表示"这位同学太强势了，老师你得帮我们治他"。我笑道："老师希望你们每个人都能有他这样的霸气和自信。"

　　课堂氛围因为袁四行同学的上台变得特别活跃，接下来其他小组也不甘示弱，第三小组的同学采用体育运动技能相结合的方式进行讲解，小组代表王同学上台就问："各位同学，你们知道运动技能的形成分为哪几个阶段吗？我们在体育教学过程中针对不同的技能形成阶段应该采用什么样的教学方法呢？请跟着王老师一起来学习运动过程中人体功能的变化与技能的形成……"王同学刚讲完，就有同学提问："老师，体育教师应该在运动技能形成的什么阶段进行动作纠错？"由于王同学准备充分，他对这个问题应答自如。

　　第四小组的代表走上讲台讲解："我今天主要讲解运动中的血液循环特点以及长期运动对心血管系统的影响，在讲解之前，我想问问大家是否听说过'运动员心脏''窦性心律徐缓'？"提问式教学方法会激发学生学习的积极性，第四小组代表能够抓住教学重点进行阐释，不再是对整个章节内容泛泛而谈。

　　第五小组的代表上台讲解："我们小组今天准备的是呼吸与运动的内容，我们主要讲解不同运动中的呼吸形式、憋气、判断肺通气的指标、运动中肺对运动的反应与适应。我先问问同学们是否知道呼吸的运动形式……"

　　各小组学生上台讲解完毕，我发现学生的参与度明显提高了，教学内容不再完全集中于书本知识，他们能够将书本知识与运动实践结合起来，从第一个学生的紧张到后面学生的侃侃而谈，从知识点的全盘照搬到知识点的梳理、归纳，这说明书本内容只是教学的案例，学生对知识进行了内化吸收。于是在其他学生点评的基础上，我总结说："刚才同学们都进行了展示和点评，我发现能够主动上台讲解的同学都做了充分准备，但是小组成员准备得如何，我很难考量，大家以后在讲解时需要将教材内容生活化，与现实生活相结合。今天同学们的表现都不错，下节课将对体育保健学内容进行展示，各小组要积极准备。"

下课后，学生兴奋地离开，而我对教学过程中不同小组对教材把控和重组的能力进行了反思，如何在一节课中内化吸收一本教材的内容？换成谁都不是一件易事，特别是能够用于体育与健康课程的健康知识，教师应该熟记于心，这是新时代体育教师的必备素养。

醒言：教师在体育教学过程中必须明确体育教学目标，弄清楚每节课的重难点，学会采用多种策略解决和突破重难点，否则教学无重点，学生学习无的放矢，难以达成体育教学目标，更不要说提升体育教学能力了，只有做到"做中学，学中做"，教师教育教学能力才能得到提升。重组教学内容确实是一项大工程，任重而道远。

体育教师，您需要加强体育文化素养

星期二上午，我被推荐上全校的示范课，我选择了随堂听课的形式，于是我早早进入教室，等待着学生的到来，按照上节课的安排，这节课讲运动训练学知识，我提前利用对分易教学平台将本节课的考勤二维码投放在投屏布上，我设定的5分钟过去了，还有少数学生未签到。"老师，我还没有签到成功。"嘉园同学在下面叫着。"我投屏的时间够长啊，你怎么可能没有签到成功呢？"

张思源同学笑着说："老师，他心不在马。"班上同学哈哈大笑，因为他们认为张思源同学非常幽默，故意把"心不在焉"说成了"心不在马"。

我也认为他在故意搞笑，因此没太在意。接下来，说起运动训练不应该在"雾霾"严重的地方进行，他居然把"雾霾"说成了"雾里"。我发现他不是在开玩笑："你能再念一遍吗？"他认认真真地念道"雾里"。

我非常无语，情不自禁地说："立马去词典上查看'霾'究竟读什么？"无独有偶，我不由得想起一次培训课上，一位体育教师聊起北京的"雾里（雾霾）"严重，很多人过着候鸟般的生活，我听了很久，终于明白他想表达的是"雾霾"，我真的觉得体育教师应该强化自身的文化科学知识和素养。

在一次国际会议上，一名主持人居然将论文专题报告发言人"陈翀"念成了"陈羽"，我顿时愕然，这可是国际学术论坛聘请的主持人啊，论坛主持人的文字功底让下面听讲座的人情何以堪？对于不认识的字，为什么不先查词典或百度一下呢？难怪人们经常戏谑"语文是体育老师教的"。作为体育教师，如何为"体育教师"正名，如果教育部将"语数英"的主科地位改为"语数体"，我们能否胜任这样的重任？能否配得上国家层面对于体育教师的重视？我不由得补充道："查清楚了吗？请念对常用汉字的拼音，不能丢了'体育人'的面子。"

我不由得感慨，体育学科不受重视，是边缘学科，当国家层面因为高度重视青少年体质健康逐步提高体育中考分值，从而将体育教师地位提升的时候，我们能否骄傲地说："我骄傲，我是体育教师。"体育教师在人们的传统观念里就是"头脑简单、四肢发达"，我对此表示反对，体育人四肢发达，但是头脑并不简单，如我国著名的乒乓球运动员邓亚萍曾就读于清华大学，博士毕业于剑桥大学，还被聘为中国政法大学兼职教授，曾一度引起热议，她还是国际奥委会成员。我也很自豪，在参加大学第一次演讲时演讲的题目就是"我骄傲，我是体育科的"，为什么我会感到骄傲？在进行全校队列队形广播操比赛中，我们是当之无愧的第一名，我们能够与中文系同台演讲，与外语系同台辩论，但是在校运会上我们需要单独竞赛，不能与普通院系同台竞技。工作之余，我也曾非常骄傲地参加沙洋县共青团组织的演讲比赛，我的演讲主题是"我骄傲，我是体育教师"，体育教师不仅讲授体育学科知识、技术、技能，而且还讲授历史、英语等文化知识。初中时期，我的成绩总是名列前茅；高中时期，全校选拔三名学生参加全市英语竞赛，我是其中之一。于是，我敢骄傲地说"我骄傲，我是体育科的""我骄傲，我是体育教师"。体育越来越受到重视，习近平总书记在全国教育大会上提出"享受乐趣、增强体质、健全人格、锤炼意志"的体育理念，作为素质教育的突破口，教育是"健康中国"的重要抓手，是现代化体育强国建设的重要内容。中共中央、国务院高度重视体育和体育教师队伍建设工作，2018年印发了《关于全面深化新时代教师队伍建设改革的意见》。在促进青少年体质健康甚至全民健康、发展体育产业、促进体育消费的过程中，体育教师承担着举足轻重的任务。体育教师理应重视自身的文化建设，不应该成为"白字王""没有文化"的代名词。

醒言：体育教师专业化从20世纪80年代开始就成为人们热议的主题，体育教师由于长期进行体育运动而忽视了文化学习，给人们一种"头脑简单、四肢发达"的印象，虽然人们在"健康中国"背景下不断追求"四肢强健"，但是体育教师也应该为人师表，体育教师经过了国考、县招、校聘的整个考核流程，也经过了层层筛选，文化素养首要表现在读准常见字，不至于造成"体育教师没文化"的不良社会影响体育教师要想被社会认可，不断提高社会地位，就得从加强体育文化修养方面着手。

离开手机也能活

  今天是体教1班的"体育与健康学科知识与教学能力"课，按照这学期学校倡导的"对分课堂"教学模式，"对分课堂"可以分为"当堂对分"与"隔堂对分"，由于体育与健康学科知识庞杂，利用"当堂对分"时间肯定不够，于是我采用了"隔堂对分"教学方式，课前采用知识图谱的形式展示教学内容的整体框架，让各小组提前准备，下节课前，将教学内容提前进行知识图谱讲解。准备好PPT的学生都是提前在讲桌前拷贝，除少数人的PPT精美外，大多数的PPT都存在底色与字迹不匹配的问题。上课时各小组选派代表一边展示一边点评，按照顺序上讲台展示的方式。为了检验学生的学习效果，我随机在手机上给出练习题，随时作答，抽到第三组封花同学，封花同学居然拿着书走到讲台上，语无伦次地说："我们小组准备的是无氧耐力，由于内容并不多，我们没有制作PPT。"这让我大跌眼镜，也许有部分学生认为制作PPT比较花时间，不愿意去制作，这也没关系，只要能够把知识点弄明白、讲清楚就可以了。令我意想不到的是这个学生全程拿着书念，这就失去了自主学习、小组合作、课堂检测等多种方式的学习效果了。

  "且不说讲得如何，能不能根据老师提出的问题进行作答充分表明了学生上课的态度，PPT的制作是提升教师基本功的手段之一。如果不做PPT，只能说态度上不重视；如果做了PPT，但是做得不好，只能说明能力不足。我在微信上发布的通知难道同学们都没有关注吗？我在课前就将知识图谱发在学习平台上，学习要求在手机上也能看到啊，我是将考研重点与教师资格考试的内容进行了融合，你们知道是一回事，表达出来又是一回事，输入与输出之间还存在一段距离。现在已经是信息化时代，我们一定要学会运用信息化技术，将我们的学科知识展示出来。让我们成为新时代的体育教师，将信息技术融入体育教学中，不要让体育教师被戏谑为'没有文化'的人。"

有些学生感叹："老师，谢谢您告诉我们这么多，您的课程中将得比较多，有些教师就是来混工资的。"这个评价让我很震撼，他们居然是这样评价老师的。

我总是尝试将最新的教学理念和教学技术引入体育课堂，如"对分易"教学平台，学生可以在手机上查看课程资源、做作业，当然也有学生趁机刷屏，当我发现学生的手机不是用于学习的时候，我会自然地走到学生面前，伸出手说："来，给我看看。"封花同学很顺从地把手机递给我，我扬了扬手中的手机，示意学生要把注意力放在课堂上，不要因为手机上的其他信息分了心。

下课后，我本想找封花同学沟通一下，没有想到她飞速离开了教室，根本不来领手机，有名学生来帮忙领取，我没有同意："让她自己来找我领取吧。"中午她并没有找我领取，下午有名学生在微信上留言："老师，她找你领手机了吗？"

我说："没有，如果你们见到她，让她七、八节课到北区乒乓球室领取，我在那里上课。"上完课依然没有见到封花同学的身影，于是我开车回家，刚刚到家，发现手机上有好几个未接来电，电话回拨过去，"老师，您在哪里呢？"封花用同学的手机拨打了我的电话。

"我刚刚走到楼底下，怎么了，你找我？"

"老师，我找你拿手机，我下课后去乒乓球室没有找到你。"听她这样解释，我也无话可说，"我刚到家，要不我给你送过去？""不用了，老师，我去找你拿。"

"没事的，你来不方便，我开车过去方便。"

没几分钟，我返回到北区体育馆，见她站在那里等候："老师，非常不好意思，小组布置任务的时候，他们通知我太晚了，因此没有来得及做PPT，其实我一直当班干部，PPT制作水平还是可以的。另外，我在准备考研，考研复习进度与这门课的进度不完全吻合，因此准备不充分，我以前是理科生，文化学习基础应该还可以，今天的表现令老师失望了，真的不好意思。我今天之所以没有着急领手机，是因为我想证明自己离开手机也能活。我一直待在图书馆，认真看书学习，我也跟着专业课老师经常出去表演，不会耽搁学习的，我会尽力实现自己心中的目标。谢谢老师的提醒，我不会沉迷手机的。"

其实作为老师，无非希望学生珍惜美好的青春时光，不虚度光阴。她对自己有清醒的认识，能够知道问题出在哪里，我再继续追究也没有任何意义，唯愿她能够活成自己想要的模样。

醒言：目前手机已经成为人们生活中必备的用品，国家统计局于2021年2月28日发布的数据可知，手机上网人数已达9.86亿，手机既可以用于社交、购物，也可以用于学习。为顺应"互联网+"时代的发展趋势，教师在课堂上使用手机点名、回答问题、布置作业。手机是一把双刃剑，学生上课看社交短信、刷抖音、看视频、逛淘宝，要使学生将手机用于学习，一方面，教师需要精心设计课堂教学，吸引学生把主要精力放在课堂上；另一方面，教师需要正确引导学生，分清楚课堂上使用手机的时机，查询信息、接受通知、互动交流的时候就应该大胆使用。未来社会逐步走向信息化、数据化、智能化，手机运用普遍，是"互联网+"时代的必需品，学生理应学会运用手机，但是课堂内外要分清，学习之外的用途在课堂上要尽力避免。此外，教师要不断改进课堂教学模式，增强课堂活力和吸引力，激发学生的学习热情，让学生热爱教学，热爱体育学科知识，培养学生的自律意识和自主学习能力。

如何组织大课间

2013级的学生马上就要奔赴各地进行教学实习，教学院长安排我为他们举办一次讲座，讲座主题为"如何组织大课间"。大课间是随着教育部于2005年印发的《关于落实保证中小学生每天体育活动时间的意见》而提出的，首次以"大课间体育活动"取代"广播操"；2006年，"阳光体育"活动提出；2007年，中共中央、国务院印发《关于加强青少年体育增强青少年体质的意见》，要求全面推行大课间体育活动制度，每天上午统一安排25～30分钟的大课间体育活动，切实落实好"每天锻炼一小时"，大课间体育活动是落实"每天锻炼一小时"的重要保证。

大课间是促进青少年体质健康的学校体育课程中的重要组成部分，青少年体质健康关系到中国未来社会的发展，关系到小康社会建设的人力保障，1999年，中共中央、国务院印发了《关于深化教育改革全面推进素质教育的决定》，身体素质是全面素质中的重要组成部分。广东省位于中国改革开放的前沿，是对外开放的先驱，现代化教育改革的先行示范区，我们应该如何组织创编中小学大课间体育活动？需要注意哪些问题呢？

"老师，大课间体育活动有哪些组织形式？"还没有等我问完，就有学生迫不及待想了解大课间体育活动的情况，为实习顺利进行做充分准备。

"这个问题问得很好，有同学能够回答吗？"我继续巡视教室，希望有学生能够回答，果不其然，张雨生同学站了起来："我个人认为大课间体育活动可以以全校、年级和班级为单位进行，并从学校领导的重视程度、体育教研科组带头人的负责程度以及学校的场地器材等方面考虑。"

"回答得非常好！"我给予了张雨生同学高度赞扬。

"老师，那大课间体育活动的内容有哪些？应该如何创编呢？"坐在窗边的雯雯同学不解地问。

我不假思索地回答："大课间体育活动内容非常广泛，既可以是易于全校组织的各种操练类活动，如集体舞、溜溜球、街舞、篮球等，也可以引进中国民俗体育项目，如武术、太极、踩高跷、舞龙舞狮等。首先，大课间体育活动不能照搬照套，要根据学生身心特点选择适合的音乐节奏、韵律进行创编和改编，时间少则25分钟，多则40分钟。其次，选择大课间体育活动内容时还需要充分考虑场地器材，不根据场地器材设计大课间活动，犹如'巧妇难为无米之炊'，再好的大课间活动都会因为场地器材受限难以开展。再次，需要考虑地域特点、文化特色创编大课间体育活动，在学校创设'一校一品'中起着锦上添花的作用，有特色的大课间体育活动与体育课程教学的完美结合，使学生养成'学会、勤练、常赛'的习惯，激发学生运动兴趣，培养学生重视体育的意识和能力，既可以对紧张的学习氛围起到调节的作用，也可以促进学生身心健康。最后，需要考虑安全问题，大课间体育活动的初衷是增进青少年学生的身体健康，如果安排无序将会带来安全隐患，为避免践踏、拥挤等安全事故，大课间活动总体上会采用易于集中管理、整齐划一的形式。如果'千人一面，万人一操'，时间长了可能无法引起学生的兴趣，与素质教育的'以生为本'观念产生冲突，体育教师要注意组织形式不能固化，要不断创新。"

"我们组织大课间的责任大吗？"有学生开始担心实习过程中的责任划分，具体承担何种责任是他们关心的问题。

"严格地说，大课间的主体责任人不是很明确，究竟是对班主任进行考评还是对体育教师进行考评，这里涉及全校的大课间，检查与考评制度仍是缺乏的。其中，班主任与学生接触最多，管理学生最有效；体育教师组织大课间，从入场、操练到退场，从口令指挥到实施操练最有话语权；分管体育工作的领导是大课间组织管理工作的协调者，只有各方都积极配合，才能保证大课间活动井然有序进行。"

"老师，大课间的主体责任难以明确，那么应该如何保证安全呢？"

听到学生对安全的提问，我特别欣慰："我也想再次提醒同学们，安全是学校教育工作的重中之重，'安全第一'是学校一切工作的出发点，学校会制定安全规章制度和组建相应的管理机构。作为体育教师，我们必须增强安全防范意识，组织大课间进出场路线和顺序，检查场地器材，排除安全隐患，关注学生在大课间体育活动中的表现，确保大课间体育活动的顺利进行。"

醒言：大课间体育活动是体育课程的重要组成部分，是"学会、勤练、常赛"的载体。大课间体育活动从2006年至今已经实施17年之久，虽然仍有待完善，但在实施过程中我们要尽到体育教师的责任，了解大课间体育活动开展的初衷，为增进中小学生体质健康做出应有的贡献。

第一次模拟授课

这学期"体育与健康学科知识与教学能力"的学科知识内容教学很快结束了，教学设计强化之后，我安排了两次说课，剩下的是提高教学能力的课，拟到运动场上进行，体育教师资格证考试与入编考试通常都会有这两个环节。有的是将说课与模拟授课融为一体，先说课后模拟授课；有的是分开进行，要么说课，要么模拟授课，考查的都是学生的体育教学基本功。我事先安排了每个小组拟定一个感兴趣的选题，然后对其进行商讨，选取代表进行展示。

上课前，年望同学非常主动，准备了锥形桶："老师，我代表我们组试讲'蛇形跑'。"见到这么主动展示的学生，我欣然应允。

"嘘嘘嘘……"年望同学吹响哨子表示集合，全班学生迅速就位，"立正，稍息，向右看齐，向前看。同学们好，今天我们一起学习'蛇形跑'，在上课之前同学们检查一下身上是否有尖锐物品，有的话请放在一旁；同学们是否有身体不适的情况，有的话请……"他的话音未落，几乎一大半学生都主动走出队伍，坐到旁边去见习。他突然间不知怎么办才好，我立马提醒道："体育教师在上课时遇到这种情况怎么办？"

他无助地望着我，希望我能给他出谋划策，我接着说："通常伤病或者处于生理周期内的学生会被安排见习，如果遇见大批量的学生同时申请见习，老师一定要查清楚原因，根据学生的实际情况安排教学与见习活动，即便女生处于生理周期内，也是可以适当参与体育活动的，控制好运动强度即可。"

做完准备活动，开始练习"蛇形跑"，他组织的这节课花了5分钟左右的时间："老师，我上完了。"

"谢谢，能否谈谈这节课的上课思路和感想？"

"老师，我课前想得很好，但是上来讲的时候还是比较紧张，所以很多教学环节都忘记了，讲得不好。"

模拟授课第一个试讲的学生，无论讲得如何，态度是值得肯定的，于是我进行了表扬："敢于挑战自我，主动上场试讲，勇气可嘉，态度积极，大家先给他一些掌声……教师在引导学生学习'蛇形跑'时，首先心中一定得清楚，'蛇形跑'的教学对象是谁，水平一的学生需要发展他们的基本运动能力，但是到了水平三就需要学生掌握基本的运动技能，能够运用运动技能参与比赛，并能够欣赏比赛，因此说清楚授课对象很重要；其次，教学目标是否明确，如果我们仅限于运动动作学习，学习内容就会很单调、枯燥，但是如果我们从三维目标（知识、能力和情感态度价值观）或者健康行为、运动能力和体育品德三个维度去设计，就可以采用丰富多彩的形式。教学实施的对象是人，运动技能学习要考虑促进人的全面发展，可以融合多种素质练习，而什么时候融入、怎么融入就是一门大学问，需要教师进一步设计教学方案，争取下节课讲得更好！"

"谢谢老师！"

俊玲同学紧接着出场试讲，她试讲的内容是接力赛跑。集合整队完毕，她用口令让前两排学生向后转，她站在两排学生中间进行了传接棒的讲解，从传接式的类型到传接式的方法，讲完之后安排学生做了迎面接力活动。班上其他同学立即提问："俊玲老师，讲解接力棒时如何安排队形？"

"为了让所有的学生听得见、看得见，我尽可能站在中间。"

听到她这样解释，我怕她误导了同学们，立马更正道："做示范时站在学生中间进行是没有问题的，不过你们是否结合了学校体育学知识章节的内容来指导教学？在做示范时除了考虑示范距离，示范面也是至关重要的。示范面包括正面示范、侧面示范、背面示范、镜面示范，传接棒时，棒在身前还是身后？很显然，正面和背面相结合的方式更为合适。此外，讲解示范时可以是站在四排中间，可以让学生站成两排半圆形，通常前两排学生蹲下看会更加清楚。"

"老师，我认为不应该直接教，应该让学生去探究交接棒。"有学生提出问题。

"这个问题提得很好，教师采用直接讲解的模式，还是学生探究的模式？教师需要根据学生特点、时间效率来考虑，不能武断地说哪种方法更加合适。教学有法，但无定法，贵在得法。"

"老师，我没有看清楚她示范交接棒采用的是上挑式还是下压式，练习迎面接力是否合适。"

当学生提出问题的时候，我发现他们确实在认真观察、积极思考。

俊玲同学解释说："我确实很紧张，没有考虑那么多，脑子突然间一片空白，上挑式和下压式一般用于接力比赛中，迎面接力运用下压式可能更加合适。"

有学生从体育课运动密度方面进行提问："你考虑过运动密度和运动负荷吗？如果是接力赛，一整节课学生都进行接力赛跑吗？前面的学生正在跑步时，后面的学生是否都需要等待？这样的运动密度是否会很低？"

俊玲同学显然没有考虑过这个问题，不好意思地点了点头，我对提问的学生竖起大拇指，能够考虑到这些问题，说明其对体育教学知识掌握得比较透彻。

之后，还有个小组的学生展示了篮球的双手胸前传接球，他采用了传统的集合整队，徒手操，然后讲解示范篮球双手胸前传接球的手势动作，在学生模拟练习过程中纠正学生的错误动作，整个流程看起来比较完整，上完之后，进行了自我点评："老师，我觉得我上课的流程是完整的，但是没有什么新意。"

班上其他同学似乎也很同意他的看法，觉得他的模拟环节很清晰，都用期待的眼神看着我，等待着我点评。

"从整体上来看，能够按照上课的流程走下来是非常不错的，先给你点个赞。接下来我们看看还有哪些地方值得改进。第一，我们倡导结构化教学，课程的准备活动与课程主教材内容应该具备一定的关联性，教师在进行主教材教学时顺理成章导入，不能采用千篇一律的准备活动。第二，教师直接讲解动作要领，还是让学生探究发现和掌握动作技术？这个需要我们在实践中不断探索。如果由我来讲，我在讲解正确的动作要领之前一定会让学生去探究，学生能够做出几种传接球方式？哪种最准？我认为这样可以充分调动学生的积极性，学生可以尝试头上传接球、背后传接球、胯下传接球等，自己探究出双手胸前传接球动作可能是最准、最稳的，从而发展学生的创新思维。第三，教师需要讲解示范，且需要完整的动作示范，这样才能给学生建立正确的动作表象。第四，对于错误动作的纠正，教师需要注意时机，并且要运用"运动生理学"知识中的运动技能形成规律，充分理解动作技能形成的四个阶段，即泛化阶段、分化阶段、巩固阶段和自动化阶段，错误动作的纠正应发生在分化阶段。第五，运动技能的形成在于反复练习、综合运用，特别是在国家高度重视体育育人作用的新时代，双手胸前传接球，不仅可以培养学生对篮球的控制力，发展学生的动作速度和位移速度，而且还可以运动传接球技术组织比赛，通过赛事提升学生运用知识的能力，培养学生团结合作的精神和竞争意识。"

通过第一次模拟试讲，我发现学生对于专业知识、教学知识的掌握程度存在着分层，有些学生能够很好地将大学四年所学的知识与技能结合起来，有的学生似乎还是块"白板"，需要加紧夯实学科知识与教学能力，只有在"做中学"，学生理解记忆才会深刻。

"老师，你下次要先指定人，他们才会积极准备，否则都会把责任推给组长。"

醒言：模拟授课是一项系统工程，体育教师的站姿要稳健，身体形态要挺拔，语言要简练，口令要果断，预令、动令要清晰，语言表达要有感染力，动作示范要美观、大方并合乎运动技术的生物力学规律。在教学过程中，教师应始终坚持"安全第一"，从课堂教学的前期准备就要考虑学生的身心特点、学习起点，在课堂教学开始部分，需要进行安全教育，安排准备活动，学习准备活动的生理机制；遵循体育教学规律和原则，始终坚持学生的主体地位，在学生掌握运动技能的过程中，发展学生的关键能力和全面素质，培养学生良好的品德。"学科知识与教学技能"课程，需要明确学习目的，作为一门课程，它应该侧重于教学能力的提升，教师在今后的教学中应该各个击破，采用口令讲解、准备活动创编、教学内容选择、教学资源开发、教学方法和组织形式采用、教学评价等多个内容进行专项训练，循序渐进，避免单个技能未受到良好训练就开始完整训练的现象。教学技能训练的过程是一个循序渐进的过程，需要体育专业的教师全员参与，并将各项技能采用多种形式突破的方法教给学生；需要体育教学论的教师将其专业教学技能与方法和体育教学技能与方法进行整合；需要通识课教师开阔学生的视野，让学生在创编教学内容时能够实现多学科融合。

说课比赛

这学期领导安排我上"体育与健康学科知识与教学能力"，我搜遍全网知晓了这门课应该着重提高学生的哪些教学能力，口令口哨、准备活动、讲解、示范、课堂组织、课堂评价等技能需要分块训练，俗称"微格训练"，但是在体育基本功大赛以及教师入编考试或者技能大赛中通常都会采用"说课"的形式进行。虽然说课在教材中并无体现，但是我必须将其穿插进教学内容中。

"同学们，说课是教师资格考试、面试以及入编考试、面试的必备内容。我们今天来学习说课，说课源自河南新乡的一次教研室活动，拟选拔市级教学新秀，可是学期将近尾声，新授课已经讲完，无法按照传统方式选拔选手，于是有人提议让参赛教师说说对教材的理解以及教学设计意图，以此代替传统的授课。说课简便高效，省时省力，后被广泛传播，被各种教学竞赛采用。说课也被不断发展，由最初的'三说'发展成'五说''七说''九说''十说'，甚至更多。说课的要素主要包括以下几个方面。①教学指导思想。坚持"立德树人""健康第一""学生主体""终身体育"等指导思想。②教学目标。教学目标以前包括知识目标、技能目标和情感态度价值观的三维目标为主，现在倡导以体育学科核心素养的健康行为、运动能力和体育品德三个维度进行设计。③学情分析。学生是学习的主体，学生情况是教学的重点影响因素，不同学生的发展阶段不同，身心特点不同，学习起点是学情分析最重要的因素。④教材分析。分析教材的版本、所起的作用，并列出教学重点和难点。⑤教学方法。说清楚教的方法和学的方法，以及如何突破教学重难点。⑥教学流程。教学流程包括课堂导入、教学的基本部分、体能练习、放松活动。采用哪些主要环节？采用'自主＋协同'流程，还是'学、练、赛'流程，还是'模仿练习、自主练习、合作练习、体能练习'流程？是否可以从单人比赛，到双人比赛，再到多人比赛，最后到小组比赛？从运用主教材内容解决主要问题，到运用以前学过的内容串联起来运用或是比赛？教学流程可以将教学方法穿插其中，这样就不用单独列出教学方法。⑦教学效果。根据《义务教育体育与健康课程标准（2017版）》规定，运动密度不得低于75%，运动负荷平均心率为140～160次/分钟。这是说课所含的要素，我们可以尝试根据之前的教学设计撰写说课稿，在熟悉说课稿的基础上尝试说课。下节课我们进行展示。"

很快到了下周上课时间，因为说课需要展示每个学生的说课技能，所以课程开始之前，我跟学生一起回顾了说课的要素，采用小组合作的形式，让学生先在小组内进行说课，然后我再随机抽查。当然如果有主动展示的学生，也可以先点评然后再随机抽取。

没有想到居然没有学生主动上台说课。"老师，我就是按照教案讲的，可能没有转化成说课稿。"金平同学有点不好意思地说。"关键是你的教案是按照《义务教育体育与健康课程标准（2011年版）》的思路进行设计的吗？"

"我就是从网上下载的教案。"

"我上节课已经讲了说课的要素，如果有问题应该随时提出，怎么到现在还搞不清楚如何说课呢？"我有点着急地说，"既然这样，那同学们先搞清楚说课的要素吧。说课到底包括哪些要素呢？我们又该如何根据说课要素编写说课稿呢？以篮球双手胸前传接球为例，先写出学习目标，双手胸前传接球是不是需要学生们知道双手胸前传接球的技术动作要领？学生们能够正确做出双手胸前传接球的动作？这是知识与技能目标，那么运动能力目标呢？双手胸前传接球可以发展哪些运动能力？除了手臂力量以外，是否需要全身的协调能力？蹬地、伸臂、拨球（简称'蹬、伸、拨'）的过程是否需要腿部力量？运动能力目标阐释完毕之后，教师还要知道球类运动传球与接球之间是否需要配合，能否发展学生之间的合作精神。只有明晰学习目标，分析清楚学生的学习起点，才能组织教学。比如，一个教学单元中，不同课次的教学重难点是不同的，新授课过程中双手胸前传接球的教学重点可能通过各种传接球练习进行展示，然后通过不同距离、不同形式的传接球去发展学生运用传接球的能力，但是在复习课中，包括双手胸前传接球在内的篮球比赛，考查学生运用篮球技术的综合能力……"

一个向来喜欢在后面坐的学生居然站起来说："老师，我上节课了解了说课的要素，我认为说课六要素比较合适，体育课由于其自身的特殊性，不应该只是说，还应该辅助动作，这样才能体现体育课程以身体练习为基本手段的特点，体育教师的动作既是体育教师基本功的展示，也是理论与实践的结合，我不知道我是不是挑战您的权威了。"

"有道理，我认同，说课从三要素不断发展，不同的人有不同的见解，这位同学能够学会批判与质疑，说明认真听讲并钻研说课了，如果没有下功夫，肯定很难评价得如此到位。希望每个同学都能辩证地看待问题，善于发现问题和解决问题，在体育说课中加入动作辅助，有助于增强说课的活力。在熟悉说课流程，且对说课稿准备得很充分的情况下才可能加以辅助动作，增强说课的感染力；如果对说课稿不熟悉，辅助动作的加入可能是画蛇添足，弄巧成拙。"

说课还没有练习两次，我就接到了辅导员的通知，他要求我参加学生的说课评比，评委是我和"学校体育学"的任课教师黎老师，在跟黎老师的沟通中，我发现原本应该在"学校体育学"讲授的"教学设计"章节，黎老师将其放在"体育教学论"这门课中去讲，这让我无比惊诧。难怪学生在课堂上说说课很难，原来他们之前对教学设计并没有怎么接触，我真为难学生了。

说课的评价结果出来了，有人欢喜有人忧。

"老师，我觉得我声音洪亮，讲得还算流利，怎么没有获奖？"当学生向我提问的时候，我不知道如何解释："说课比赛是学院层面组织的，没有一个领导在场，我们两个任课教师作为评委，肯定会有意见不完全一致的地方，不像其他比赛还可以去掉一个最高分，去掉一个最低分，取平均值。评价不是绝对的公平，毕竟评价是客观的。"

我只能借用奥林匹克宣言来阐释。"我只能说，参与比取胜更重要，"我顿了顿，还是提醒学生，"除了声音洪亮、表述流利之外，仪表、仪态、仪容，语音、语调、语气、语速都是影响说课效果至关重要的因素。此外，要说清楚"为什么说""说什么""怎么说"，紧紧抓住这几个环节：教材教学内容的选择，教学目标的确定，教学流程与教学方法的确定，教学评价与反馈等。机会偏爱有准备的人，一定要在课前做好充分的准备，说清楚教学目标、教材分析、教法、学法、教学流程、教学效果以及教学场地器材的布置，教学目标包括知识目标、技能目标、情感目标和身体发展目标；根据学习目标引领教学内容，选择采用探究、合作、竞赛或能够体现爱国主义情怀的教学内容；学会灵活处理教材，不能根据自己所学的专业来选择教材内容，完全忽视小学、初中和高中体育教学过程中的教材处理能力，教材分析中一定要有选择教材内容的依据、教材在这部分所占的地位，也就是我时常讲的总共在新课标中固定了多少学时，这里占多少学时，这节课是第几学时，教学的重难点可以在这里讲明。根据学生的生理特点、心理特点、性格特征、校风班貌等分析学情。虽然每个学科都有自己不同的教学方法，但是总体上区别不大，学法上是相通的，都是自主学习、小组合作和探究学习。合作探究与合作学习不是一回事，合作是小组学习的事情，但是探究可以有创新的空间，允许学生得出多种方法。有的学生在接力赛教学中运用了合作探究方式，显得牵强附会，田径中的传接棒技术根本不用去探究，上挑式就是上挑式，下压式就是下压式。因此，在发展学生的创新能力和实践能力方面就会存在问题。体育学科有体育学科的特点，如教学时间的分配一定要严格。另外，体育负荷明确规定运动负荷区间为140～160次/分钟，运动密度不低于75%。"

　　参加完学院组织的说课比赛后，我陷入了深思，说课训练涉及学生的语言表达、仪表仪态、教学设计等方面的内容，不能一蹴而就。学生在没有受到良好训练的情况下参赛，会出现表达不流畅、说课思路不清的情况，这都是正常现象。在国家高度重视教师队伍建设的新时代，全国开启了师范类专业认证，广东省出台《广东"新师范"建设实施方案》，我校体育教育专业成为广东省率先开启师范认证的专业，说课成为体育专业学生的基本功，我个人认为说课胜于教育部对师范生要求的"三笔字"（钢笔字、粉笔字、毛笔字），但学生应该怎么说、如何练，纯粹靠课堂教学是很难完成的。以赛促练，学院说课比赛的举办促使学生重视说课，提高学生的说课能力。

　　醒言：说课是体育教师基本功的重要内容，能够体现体育教师的综合能力。说课是教学设计的思维形式和语言表达，是模拟上课的前期构思。从教学管理来说，加强说课的重视程度，无论归属教学管理还是归属教学工作，都需要将其常态化，否则很难引起体育专业学生对说课的重视；从课程设置层面来说，"学校体育学""体育教学论""体育与健康学科知识与教学能力"这几门课程需要进行学科研讨，整合与重构教学内容，以免有些内容重复，有些内容出现断层；从学生发展层面来说，说课是教师资格证面试和入编考试必考内容，涉及的知识与内容比较宽泛，需要投入一定的时间和精力。说课虽不是"体育与健康学科知识与教学能力"中的教学内容，却在体育教学实践中频频运用，需要教师在体育教学实践中将教学内容与学生的日常生活经验或实际紧密联系，要求教师会说课、能说课，为培养体育专业学生的基本技能丰富教学内容，夯实技能基础。

基层教学与你说的课堂不一样

金秋十月，秋高气爽，从这周开始大四学生纷纷被送到了韶关各地市以及珠江三角洲去实习，期待学生能够把先进的教学理念带到基层去，给基层体育教师输送新鲜血液。在体育课堂教学中，我一直主张学生关注《义务教育体育与健康课程标准（2011年版）》和《普通高中体育与健康课程标准（2017年版）》。课程标准中有一些新的理念，如课程目标从"三基目标"转向"四个领域目标"，即运动参与、运动技能、身体健康、心理健康和社会适应，把华东师范大学季浏教授团队提出的"健康中国"课程模式，即KDL课程模式，带到基层去，根据不同学段、不同水平的教学内容进行教学。

周三上午，我收到一条微信："老师，您在忙吗？"

看到后，我第一时间回复道："你有什么事情吗？"

"老师，我就是想跟你说说实习的事情。"

"那你说，我听听。"

"老师，我发现基层体育课堂教学完全不是你所讲的情况，这里完全不注重体育教学，一切以体育中考为主，教学内容全部围绕着体育中考，既没有教学内容的多样性，也不谈教学方法的创新性，就是要求学生针对体育中考项目反复训练。"

"哦，那你能否做个实验？比如，你采用结构化的教学内容、层层递进教学内容，重视教学组织形式的多样化，注重体育课的运动密度和强度，跟基层体育教师比比教学效果，如何？"

"老师，那样好难哦，基层体育教师肯定不同意。"

"你们是新时代的大学生，看看能否带给基层体育新鲜血液，不能照搬照套基层体育教师的教学模式，否则这些基层体育教师会小瞧你们的，他们一定渴望你们带给他们新的理念和教学方法，而不是枯燥乏味的重复训练。"

"那我试试，老师。"

放下学生的电话，我陷入了深思，中国学校体育自发端之初就引入退役军人来充实体育教师队伍，教学内容主要是军事操练为主的体操队列练习，在增进国民体质健康方面起到了较好作用。随着社会的发展进步，各种科技产品涌现，生活和学习方式便捷，青少年体力活动减少，体质受到严重影响，于是体育成为中考试行项目，各省、区、市不断提高分值，特别是2020年之后，云南省更是率先推出体育总分提升到100分的政策。

各学校高度重视学生的体育中考成绩，班主任、体育教师乃至校长亲力亲为，每周都参与学生的体育锻炼活动，确保全体学生都合格乃至优秀，于是体育中考分数成为各校竞相争夺的核心，体育中考运动项目就成为学生日复一日训练的内容。

党的十六大以来，我国在素质教育方面取得新进展，提出"体育是素质教育的突破口"。习近平总书记在2018年全国教育工作会议上强调："开齐开足体育课，帮助学生在体育锻炼中享受乐趣、增强体质、健全人格、锤炼意志。"蔡元培任北京大学校长时，提出了"完全人格，首在体育"的观点。华东师范大学汪小赞教授提出"KDL"，"K"即"know"（知道），"D"即"do"（实践），"L"即"love"（喜欢），"学生喜欢体育但不喜欢体育课"，几十年难以改变这种情况，这与学校领导的重视程度、家长对学校体育的看法、体育教师自身的课程观意识和综合素质、学校现有的体育场地设施、学生的配合程度等方面都有关系。平时我给学生展示的都是全国优质课程，传授的都是先进的教学理念，但是先进的教学理念落地还需要学生在实践中去感知、理解和运用。

醒言：高校教师与基层教师之间隔着实习生这一层，高校通过实习生对接基层学校，体育专业学生可以通过实习了解基础教育的现状，长期以来受"体质教育"影响深远的传统思想和教法较为盛行，而带着先进理念"落地"需要实习学校校长的支持，体育教研环境的营造，中国青少年学生体质连续20多年下降的局面的扭转需要学校体育进行改革。新时代的体育专业学生，既要了解基础体育教师情况，又不能被基层学校的教学现状束缚，充分利用专业知识，循序渐进地展示新的教学理念、教学方法和教学流程。学校体育教学改革不可能一蹴而就，需要循序渐进，有目的、有组织、有计划地去改变基础体育的现状，需要新时代的大学生做先行者和实践者。

没有现成的答案

昨天体育学院大四的全体学生返校了，参加学院召开的毕业典礼，领取毕业证书。有个学生给我发短信：老师，您在哪里呢？我想找您聊聊！

这个学生给我的印象很深刻，他学习特别认真，非常勤奋，今年以学院同类考生最高分考取了某211院校的研究生，本科生毕业论文是我指导的，我曾经指导他参加广东省体育专业基本功大赛。收到短信，我很是欣慰，回复说我在组织学生进行飞镖训练，没想到收到我的回复，他很快就从毕业典礼会场溜了出来。

"老师，我觉得毕业典礼没有什么意思，我很想跟您聊聊我在读研期间如何规划自己，如何好好学习。我总觉得有些知识没有什么用。"

我不知道他为什么会有这样的想法，一时不知道该如何为他解答。"你怎么会有知识没有用这种想法呢？"

"老师，我跟您说啊，我在复试时差点被刷了！"他非常不自信地说。

"怎么可能？你不是以高分进入面试的吗？"我非常疑惑。

"艾老师，您不知道，我复试时表现得非常不好，我给您讲讲当时复试的题目啊，第一题是'你为什么选择华南师范大学而不选择广州体育学院？'"

"这问题很实际啊，你是如何回答的呢？"

"老师，我当时脑袋一下子蒙了，我不知道该怎么回答，所以就断片了。"

"哦，"我觉得这是根本不需要准备就能够回答的问题，学生居然断片了，只能说明学生的应对能力还是有所欠缺。

他接着说："第二个问题是：'你认为如何可以成为一名优秀的体育教师？'我也很懵，因为书上没有现成的答案，所以我完全没有自信，我差点被华南师范大学给刷了。"

我的脑海里立马想起我的导师钟秉枢教授曾经在天津大讲堂题为"到运动场上去提高情商"的演讲，列举了很多案例，他认为体育运动可以增强人的自信，胸敢挺直了，头敢抬起来了；球类运动可以增强人的包容能力和理解能力，能够增强管理情绪的能力。一个体育专业的优秀学生说不自信，我实在找不出什么话语来安慰他。他曾在广东省体育专业基本功大赛上，因挺身式跳远技术与其他运动技术产生冲突成为争议型选手，在比赛前一天晚上，为了说好课，他半夜两点还在给我发消息，他告诉我已经把说课稿背得滚瓜烂熟。当时我的内心是惶恐的，太在意赛事肯定难发挥好，心理学上叫作"想赢怕输"。参赛当天他的抽签模拟授课排序第四，没有想到他在等待过程中紧张到不停地往厕所跑，轮到他模拟授课时，才慌慌张张从厕所跑出来，忘了提前备好的音乐伴奏，忘了提前布置场地，教学流程也不太完整。竞赛结果可想而知，不是很理想，未能获得一等奖，这让很多觉得他肯定能获一等奖的教师和同学大失所望。他也很自责。

"那你现在的困惑是……"

"老师，关于如何选择研究生导师，我想咨询一下您，听听您的意见。"

"我认为不同的指导老师各有利弊，如行政领导的社会资源比较丰富，但是他没有时间指导你……"我话没说完，他就急着说："我可以去找指导教师啊。"

"嗯，你是可以去找指导教师，指导教师忙得要命，有时间给你指导吗？你们只想到自己很忙，从来不考虑指导教师忙不忙。有些学生选择了自己的专业课教师作为自己的指导教师，但是在论文指导的过程中，发现指导教师根本无法指导自己的论文设计和论文撰写工作。我就曾经遇见过这样的案例，学生的指导教师没有时间指导，求助到我这里，我也很纠结，到底是帮还是不帮呢？帮是教师最基本的责任和义务，可是不了解指导教师的指导思想和方法，可能好心办成坏事。"

  学生走后，我的触动很大，知识是服务于日常生活的，我们不仅应该吸取知识，而且还应该发现知识和运用知识，如果凡事都需要现成的答案，如何创新和发展？这是应试教育的弊端还是教育教学中未养成学生思考的习惯？创新思维能力的培养何其重要！国家大力提倡创新创业教育，这项举措应该落到实处且深入下去。

  醒言：知识是人们在日常生活中创造和积累的财富，知识就是力量，知识是否有力量取决于知识是否丰富，是否有用。"知识就是力量"是工具理性张扬的命题，而"和谐就是力量"是"知识就是力量"的东方智慧集成。在社会不断发展的进程中，知识推陈出新，很多问题都没有现成的答案，这就需要我们具有创新思维，学会面对实际情况，分析问题和解决问题，如果只是死记书本知识，对大学生来说，很难发挥创造力。

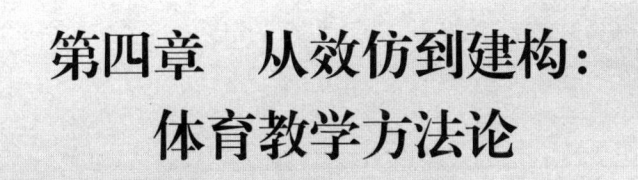

第四章　从效仿到建构：
体育教学方法论

老师，你的教学方式很新颖

今天是新生上课第一天，来到教室，学生们规规矩矩坐在教室里，秩序良好，我先让学生们拿出手机，面对面建群。学生们很惊诧："老师，上课为什么要建群？"

"建群只是第一步，你们需要跟着我一步步操作。"接下来我将建立的班级群的二维码发在微信群，学生们扫码进群。有几个学生举手示意已经进群，有的学生则还在琢磨。接着，我让学生们准备好，我们开始点名签到。虽然学生很惊奇地看着我，不相信这么简单就可以签到成功，但是学生们自己尝试之后，很快他们就都知道了签到的流程。

接着，我引导同学们进入"对分易"平台。我告诉学生，从我引你们进入这个平台开始，你们会发现，我将采用不同的教学方法，我秉承着一个理念，那就是"教师的教是为了学生的学"，如果教师一味灌输，不能与学生产生良好互动，那么教师讲得再好，学生也没有受益，那教学将是无效教学。"高中学生面临的是高考，所以需要背诵标准答案，而大学生的目标是走向社会。大学是一个小型社会，是你通往社会的桥梁。你想掌握什么样的知识、技能来应对日新月异的社会呢？知识会过时，只有培养终身学习的能力、创新性思维和主动实践的能力，你才能够应对瞬息万变的现代社会。"

学生们用惊奇的大眼睛盯着我，一定很想知道我究竟想干什么。接着我就问大家，既然大家知道我用的是"对分易"平台，我的教学也正在试行"对分课堂",我在体育学院也正在构建"对分圈",那么我想问问他们:"有没有人知道什么是对分?你理解的对分是什么?"教室里没有一个学生去打开手机查询,他们认真地看着我,希望从我这里可以得到答案。我反复提示,"对分"究竟指什么呢?终于有人回答:"时间对分!""回答正确,就是时间对分,也就是指课堂上老师和学生的时间对分,课堂上不再是教师的'满堂灌',而是一半时间由教师讲,一半时间由学生进行内化吸收、讨论、交流,课堂上教师和学生共同承担着教学任务,教师承担教的任务,学生承担学的任务,教与学责任对分、义务对分、权利对分。"

我依旧以介绍课堂模式的方式引导学生进行学习。紧接着,我给学生演示了上课如何点名回答问题,然后一边展示随机点名回答问题的按钮,一边抽点到了"张黑"同学。

我对他说:"你以前是学什么的?"

他自信地回答:"学体育的。"

我紧跟着追问:"你能告诉我什么是体育吗?"

坐在下面的同学情不自禁地开始回答:

"体育是一种活动。"

"体育是一种促进身心发展的实践活动。"

"体育是身体教育。"

"体育是一种文化活动。"

……

"好了,感谢同学们的积极思考,这些说法都不错,应该说都有一定的道理,我们站在不同的视角看待问题,就会得出不同的结论。"

我接着说:"体育人文知识没有对错之分,只有是否有理之分,我们需要秉持'百花齐放、百家争鸣'的思想来对待,广博地涉猎知识,这样我们的思维才会更加开阔,才能够找到'多棱镜'的多棱,而不是局限于自己的视野'否定一切'。"通过"什么是体育"的引入，我讲解了体育学的发展历程，从总体框架上对体育学的发展阶段进行了梳理，并讲解了学习体育概论的目的和意义。讲解完之后，我让学生自己看书，主要看"引论"部分，通过引论部分的学习，引导学生分小组进行讨论。我给了大约5分钟的时间让学生讨论，并且在学生讨论之前，给学生说清楚了小组成员之间谈论的内容，仅限于体育引论部分，可以将自己看到的最有感触的部分展示给同学，对其他同学讲解"你从这部分内容中学到了什么"。通过自己掌握的知识考考同小组的同学，看他们是否与你一样已经掌握了知识点。另外，对于自己不理解的地方，可以请求小组成员帮助，这也就是对分课堂倡导的"亮、考、帮"。

大部分同学在认真阅读，少数同学却在趁机打瞌睡，我再三强调等小组讨论完，我会随机抽取同学代表小组发言，阐述本小组成员的收获或者存在的疑惑。由于时间限制，我只点了两个同学上台发言。发言的同学拿着书，很显然他们发表的不是集体讨论的结果，而是自己的观点。其中一个同学说："我们还在讨论。"一方面说明我给的时间不够，另一方面说明学生没有利用好时间。当学生自由发言时，有同学说对广义和狭义不太理解。我告诉学生，广义、狭义是给概念下定义的方式，这涉及逻辑学常识。

无论如何，我觉得学生在动脑筋思考问题，这就是一件好事。课程结束时，我依旧按照流程，给学生布置了作业。作业内容很简单，就是"谈谈你在这节课上的收获"。学生们做作业的态度都是很认真的，有些同学极力回顾本次课的内容，有些同学开始翻阅书籍。

课后，有几名学生主动跟着我，跟我谈上课的感想。

"老师，我觉得你的这种教学方式很新颖。"

"老师，我觉得你应该让我们自己谈谈看法，让我们自己解决问题，同时我能解答同学们的问题，这让我很有成就感。"

56班的同学没有其他班级的同学积极，举手发言不积极，讨论也不积极。这使我有所反思：如何能够更好地调动学生学习的积极性？我是否引导不够？教学环节的设计是否过于粗糙？小组应该如何分？随机分组的话，学生们的"亮、考、帮"如何体现？

醒言：教师是一个终身化的职业，面对日复一日的教学与日新月异的社会变化，我们无法沿袭传统的教学模式。传统社会主张"师者，传道、授业、解惑也"，但是随着社会的工业化、信息化、数字化，教学模式应该顺应时代发展，否则教学方式落后于社会实践，将无法满足学生的学习需求。此外，教师面对日新月异的新技术、新知识，要不断更新知识，提升教育教学能力，同时还应该转变观念，以传授知识、塑造价值和培养能力为主，做新时代高素质的体育教师。

关节角度不同

5月7日上午第一节课，社体班三年级的学生以小组合作的形式完成相关章节的内容，选派代表来展示小组合作探究的结果，然后进行自我点评、他人点评和教师点评。

"同学们，这节课我们将学习运动项目知识，由于运动项目知识涉及的范围特别广泛，不仅包括田径、球类、体操、武术、游泳、新兴运动项目和民族传统体育类项目，而且还包括项目起源、发展、训练方法和竞赛规则，大多数同学都已经学习过这些知识，各小组可以上台来展示你们的学习结果，谁先来展示呢？自愿举手还是艾老师点名呢？为了检查同学们课后是否自主学习、准备以及小组是否商讨，随机点名的方式比较合理，那我随机抽取吧。"

对分易教学平台上随机点评按钮点击"停"，"第八组"的名字出现在屏幕上,全班学生笑个不停,也许上课被随机抽到都是学生不愿意踩到的"彩蛋"。

第八组代表张二锋同学慢悠悠地走到讲台上,按照各小组课前粘贴在电脑上的教学内容进行讲解,讲解时全程对着PPT念文稿,目光盯着电脑屏幕,完全忽视讲台下的"学生",特别是讲到"力量训练"时,他埋头念道:"进行肌肉力量训练时,需要对肌肉力量进行分类,按照教材内容,可以将力量练习分为相对力量、绝对力量,并且体积大的人绝对力量一定大于体积小的人,理由是肌肉力量与肌肉的生理横断面积有关,同时与肌纤维类型有关。我们主要希望提高肌肉的相对力量……"

"为什么肌纤维类型与运动能力有关系?有什么关系?"我看着学生听讲时茫然的表情提出了问题。

"老师,上节课我们小组讲过肌纤维按照快慢可以分为快肌纤维和慢肌纤维,快肌纤维无氧代谢能力强,易疲劳;慢肌纤维有氧代谢能力强,持续时间久,因此肌肉力量也可以分为爆发力和肌肉耐力。"

"还有哪些因素影响肌肉力量呢?"我巡视四周,希望有学生能够帮助上台展示的学生进行补充,也许是学生比较害羞,也许是课前准备不足,有些学生摇摇头,表示忘记了,我点到一个身体强壮的学生回答,但他也不知道如何补充。讲课的学生进行自我评价:"关于力量训练的内容,我基本上都讲了,就是教态不太自然,对教学内容不能灵活运用,没有将其与其他知识点进行融合,心理紧张,腿也发抖,因此没有办法拓展。"

"老师,他的PPT没有展示知识图谱,思路不清晰。"

"还有其他意见吗?"

当我再次环视教室,发现没有人主动发言的时候,我随机抽取了一个长得很壮的男学生走上讲台,并当着全班学生的面说:"我能够'掰手腕'赢了这个男同学,你们相信吗?"

几乎全班学生都摇着头。

我把手臂放在对方的上方位置，一下子就把这名男学生的手臂扳倒了，学生还没有明白怎么回事，甚至质疑我在作弊，怎么不是跟那名男学生同时发力，我趁机告诉他们，其实这就是"关节角度的不同"所产生的作用。接着我让两名学生同时面对面站立，双方把右手右腿后移，然后进行推力比赛，让学生明白"肌肉的初长度"是决定肌肉张力大小的关键，一定范围内，肌肉的初长度越长，肌肉的张力越大。

醒言：21世纪整合技术的学科教学知识（TPACK）是教师做出整个教学决策所学的知识，即学科知识、学科教学知识和技术知识的整合。在"体育与健康学科知识与教学能力"这门课程的教学过程中，教师需要整合学科内容、学科教学和技术知识的学科教学知识情境，充分运用学科教学知识，将理论与实践结合，将科学知识运用于生活日常现象阐释中，让体育教师在运动技术教学中传承体育文化。

老师"懒"

这学期开启了全校性的示范课，每个学院的教师上示范课的形式、时间也已经在校园网进行了公示，我被安排在第七周。第五周的时候，我忽然接到教研室主任的电话，他说教学院长会来听我的课。我回复教研室主任"欢迎随时来听课"。

教研室主任担心地问道："那你准备得怎么样了？"

"主任，学生已经学习过'体育与健康学科知识与教学能力'这门课程中的主要内容，因此这门课程主要以复习以前的教学内容为主，我主要安排小组进行讨论，由小组成员选派代表上台讲解，主要培养学生的教育教学能力。我采用了'对分课堂'教学模式，课前我将运动训练和教学方法细化分解到了各小组，小组长制作PPT。学生展示完毕后进行自评、互评等。"

上课铃声响了，我大踏步走上讲台："同学们，按照上节课的安排，这节课主要学习运动训练原则和运动训练方法，运动训练原则主要指……运动训练方法……各小组组长阐释细化的内容，下面有请第一组代表。"

思琦同学主动走上讲台，开始了运动训练"适宜性运动负荷原则"的讲解，她在展示PPT过程中，一边指着PPT，一边讲着原则的内涵、实施要点，等她讲完，我问道："有同学能否对思琦同学的试讲进行点评？"

江湖同学站起来说："我认为她的PPT存在字体与字号不协调的问题，她的声音不洪亮、表述不完整。"

高亚峰同学站起来说："我认为她对适应性负荷原则讲解得不够清晰，如果能够结合实际案例讲解就好了。"

接下来敬成竺同学对"适时恢复原则"进行了阐述："我将为同学们进行适时恢复原则的讲解……"她讲完以后，班上响起了热烈的掌声，可这位同学平时不怎么发言，这是对他敢于展示的一种奖励。

学生一边讲解，一边点评，遇到有困惑的地方，我及时进行补充阐释。在下课前5～10分钟，我给学生布置一次小作业，检验学生是否掌握本次课所学的内容。学生习惯了在下课前做作业，对当堂检测所学知识，艾宾浩斯遗忘曲线告诉我们，知识重温间隔时间越短，遗忘速度越慢；知识重温间隔时间越长，遗忘速度越快。对于"对分课堂"教学模式，学生从一开始的反感到逐渐接受，有学生在上交的作业中也提到"对分易课堂让我体会到科学技术知识带给我们的力量，而且通过对分易课堂，我学会了表达观点"，也有学生对我说"老师，感谢您为我们批阅作业"，这说明学生很在乎教师的肯定。如果教师赞许、表扬学生，学生非常愿意展示自己优秀的一面，学生的发展是多元化的，我不能只强调学生在课堂上认真学习，还得培养他们积极认真的态度。

王二同学说："老师，这门课程全部由同学们讲，你好懒啊。"

谢武同学说："我不这样认为，老师让我们课前预习，然后自己讲一遍，这样的印象太深刻了，我到现在都还记得我第一次上台讲解的内容。"

这让我感到欣慰，至少第一次听学生说我不讲课而学生讲课，是一种懒的表现，甚至还有人发朋友圈了，也许领导是看见了学生的朋友圈才来听课的吧？我始终尊重学生的主体地位，以学生发展为目标，按照"对分课堂"教学模式进行教学，让学生真真切切学到知识。有学生站起来说："老师，你的课堂真的很好啊，有的老师在课堂上就是自己讲，学生玩，老师根本不管学生。"我听着学生七嘴八舌的评论，不敢轻易相信，学生抢着说："真的，不骗你！"

听课的领导说："只要能让学生参与课堂，能让学生自主学习，就是成功的教学方法。"领导的肯定使我感到特别高兴。

醒言：大教学论说，教师的教是为了教师少教，学生多学。教师是个良心职业，只要心中有学生，坚守让学生学有所获、学有所乐、学有所趣，能在这门课程中掌握到体育教学方法和组织管理能力，教师的"懒"换来学生的"勤"也是非常值得的，"体育与健康学科知识与教学能力"这门课程要求学生在教学实践中不断总结教学经验，如果教师讲解过多，占用的时间过长，必将影响学生实践能力的提升。教师"懒"不可怕，但要保证教学有方法、有效果。

老师，你还没教

到 CN 中学挂职锻炼已经过去半年了，按照与学校签署的协议，除了在省级期刊发表一篇文章外，还需要完成班主任工作和教学任务。上半学期由于各方面因素的影响，高校与县教育局、中学之间的关系没有理顺，也没有办法向学校申请带课，等到春季，挂职锻炼的聘书已经发放，我名正言顺地向挂职学校提出带课和当班主任的要求。校长安排我任七年级四班的班主任和体育教学工作。当听到校长分配的教学任务时，我甚是欣喜，领了课表，对照课标，立即去检查学校的体育器材，巧妇难为无米之炊，课程设计和安排必须遵从学校现有的场地器材。来到器材室，我看到一堆杂乱无章的器材，首先映入眼帘的是正对门的墙边堆着的体操垫，主要用于背越式跳高，上面堆放着许多单人体操垫。紧接着是两个球筐，一个球筐内装着六七个足球，另一个球筐里装着十几个篮球，但是刘老师说很多都破了，没法用。靠近右侧的墙角堆满了各种跳绳。陪同看器材的刘老师说："其实器材室没什么器材可用，体操垫已近腐朽，不敢拿出去用了，足球和篮球很多都已经破了，没办法充气了。初三学生用的足球都是教师自费买的，初一、初二的学生没有什么器材。"

既然安排了我上课，我也要尊重学校的教学安排，学校的体育工作紧紧围绕着体育中考，初一学生主要练习 800 米跑、仰卧起坐。如何选择既符合水平四学生的身体特点，又符合《义务教育体育与健康课程标准（2017 年版）》的教学内容是我必须思考的问题。同样是跑步，我可以采用多种形式进行，课程一开始，我打算采用配以音乐的集体舞形式作为准备活动的内容，激发学生的运动兴趣。

"同学们，这节课我们学习耐久跑，上课之前我们跳段热身操。老师完整示范一遍，32步其实也是基本步，会走路就会跳舞，只要跟着节奏就行。"我一边说，一边熟练跳着32步，32步其实就是四个八拍的步伐练习。"同学们，跟我一起来，前进步就是向前走四步，交叉步就是一条腿交叉放在另一条腿前面或者后面，旋转步就是身体顺势倾斜，先转180度，再转180度，完成四拍一个动作，然后向相反方向运动。好，跟我一起来，前进四步，向右走交叉步，左交叉步，旋转步，跳跃步……好，同学们再跟我来一遍……"

带着学生练习两遍之后，我让学生前后四人一组自主练习，看看哪里不会，女生组相对积极，不停地练习，还有人喊口令；男生组兴致不高，似跳非跳。当学生练习几遍之后，我采用口令形式指挥全班学生一起跳，因为我根据学生完成动作的快慢调节口令，学生似乎都能跳了，用口令练习两遍之后，配合音乐，持续练习，这样既能培养学生的节奏感，也能起到热身的作用。

"好，接下来我们跟着音乐跳起来，音乐不停，我们也不停。"

"老师，你没教那么长的内容啊。"有学生提出质疑。

"就是四个八拍的循环，循环四个方向。"我解释道。

"老师，你没教啊。这个我真不会，你让我去跑步吧。"

我感到惊愕，32步其实就是四个八拍的步伐练习，合着音乐有节奏地运动，在最后一个八拍通过跳转步变换方向，然后继续练习，不知不觉就做成了四个方向的运动，就这样一直循环。

跑步是最基本的运动，也是最基本的练习，学生为什么提出这样的要求？我是否提前了解了学生的需求？在不了解学生需求的情况下上课，学习目标是否就难以实现？当学习的基本动作和内容无法落实的时候，体育与健康课程标准提出的"学、练、赛"教学模式是否能够推行？究竟如何培养学生的运动兴趣与爱好、终身体育意识？如何改变"学生上了十几年体育课,却没有掌握一项运动技能"的现状?

我尝试用一体六环的模式进行解析,我发现学生的自主能力、合作探究能力都需要层层引导,学生还是习惯于接受式学习,这里的教师都很拼,我是否需要对其进行改变?改变又会带来什么?

我提出与刘老师合作上课,刘老师说:"我肯定不能跟你合作上课,你上得那么好,我再去上,学生还会听我的吗?"

刘老师考虑真"周全",他又感慨:"全县没有几个体育教师担任班主任工作,我们没有时间,还得参加县里的篮球比赛、足球比赛,你今天教的内容至少需要两节课,哪有那么多时间。"

我心想要是每节课将篮球、足球、健美操的教学内容列入体育课程教学内容,每节课学习点新知识,也不至于比赛前临时抱佛脚吧。后续我将采用模块化教学模式,逐步为学生的"学会、勤练、常赛"奠定基础。其实学生的那句"让我去跑步吧"特别朴实,学生已经习惯了每节课跑步、跑步、再跑步,以至于上了十几年体育课什么都没有学会,没有学到自己喜欢的运动技能。究竟应该选择哪些内容?对初中生来说,中考体育就是一根指挥棒,学校领导、体育教师和学生围绕着提高中考体育成绩的目标,日复一日地训练,这忽视了体育课程的育人功能,体育不仅能够增强学生的体质,而且还能够培养学生的健康习惯,磨练学生的坚强意志,培养学生的创新意识和创新精神。

醒言:大教学论说,教师的"教"是为了"不教","教"是教给学生学习方法和自主学习,"不教"是学生在掌握学习方法和具备一定的学习能力之后,不用教便会自己进行实践探索。对学生来说,"被教"是一种惯性思维,也是应试教育的产物。尽管应试教育被诟病多年,但是对学生评价的形式与内容不变,如小学划区域上学、初中生分流、中考分流冲击着老百姓骨子里的"阶层分化",有些学校领导、老师和家长甚至认为中考比高考还重要。体育中考考核评价的重心在于中考体育项目,一切为了中考，为了一切学生的中考，跑步自然而然就成为学生乐此不疲的锻炼内容。跑步对学生心肺功能的提升具有独特的作用，但是应付中考的跑步是否能让学生终身坚持？如何培养学生对其他运动项目的兴趣爱好？如何让他们学会自主学习，养成终身体育锻炼的习惯？这确实非一日之功。作为一位临时挂职的体育教师，我感觉学校体育教学任重而道远。

给个模板我们背诵

  2017年9月，学院开启了新一轮体育专业基本功大赛辅导，广东省体育专业基本功大赛自2013年开启，至今已举办三届。我校有幸成为今年的承办单位，经过筛选，学院安排了这届基本功大赛辅导的教师团队，我被安排辅导说课和模拟授课两个环节。我曾经在1993年参加湖北省第二届体育优质课大赛，参与过我国著名学校体育专家周登嵩教授主办的"全国中小学体育名师教学锦集"活动，观摩过多届全国体育优质课展示活动，也辅导过多个学生参与校级体育师范生技能大赛，但是辅导省级体育专业基本功大赛，还是头一回。

  针对没有学过"学校体育学"课程的学生，教师需要从教学设计方面讲说课，只有设计好教学方案，理清思路，才能把课上活、上好。基于这样的考虑，我将说课的要素进行解析，说课内容主要包括教学目标设计、学情分析、教材分析、教学重难点、教学方法的使用、教学流程、教学效果、教学场地设施安排、教学安全措施，我对每个要素进行了细化。

  "老师，你给个模板我们背诵得了。"一名坐在后排的男生直言。

  我顿时一愣，教学设计需要掌握设计的方案，在设计方案的过程中，发挥创新精神和创新能力，要不然教学设计就变成了一套"模子"。

"我昨天不是给你们讲了如何撰写教学设计吗？如果不进行教学设计，说课稿将无从说起啊。"

"老师，我们基础比较差，几乎为零，您还是给个模板我们背诵吧。"

是啊，学生经历了小学、初中、高中、大学十几年的应试教育，他们已经习惯了标准化答题，创新意识和创新能力不足。首都体育学院原院长钟秉枢教授曾在创新能力培养的报告中谈到，90%以上的中小学生怕出错，高校是人才第一资源和科学技术第一生产力的重要结合点，是产生和传播新知识、新思想的沃土。当代大学生依然未摆脱应试教育的窠臼（钟振清，2017）。

当然，竞赛准备时间短、任务重，如果没有一定模板给学生参考，学生确实会"摸不着头脑"，改变教育教学模式，培养学生的创新实践能力，非一朝一夕所能实现的，需要各科教师群策群力，改变教学模式，夯实学科基础，在规范的基础上去创新，没有基础的创新是空中楼阁，没有创新的规范是难以吸引评委眼球的"老套"教法，很难让评委眼前一亮，给出高分。在我还没有给出模板的时候，有个学生甚至悄悄说道："这个老师是不是没经验？"

"应试"成为一种"惯习"，学生不想动脑筋去思考和设计，只寄希望于背诵模板。他们不知道，即便背诵了模板，在组织教学的过程中依然很难将教学理念融入课堂，在理论指导实践方面还存在困境。这也印证了社会上很多人对当代大学生的误解——"读死书"，学生与社会发展脱节，难以找到专业对口工作。在一次公开课上，有个学生对我说："老师，你不用给我们讲那么多道理，我们直接照着你的示范做就行了。"我顿时一愣，"这就是当代大学生？"

我们常说"要知其然，知其所以然"，体育教学过程中，体育教师不仅要知道体育教学的目标、内容、步骤、方法、评价、效果，而且还要知道制定目标的依据、目标的具体内容以及实现体育教学目标的主要途径；不仅要知道体育教学内容选择的依据、分类和作用，而且还要知道体育教学方法的种类，能够根据学生的特点、教学时间和效率、教学内容的功效等选择体育教学方法；要知道评价体育教学效果的主体、形式和内容。所有这些都环环相扣，层层递进，不是靠背诵就能够实现，当然背诵是记忆的主要形式，是识记的重要方法，学习需要通过记忆、理解、运用、分析、评价、创造等环节，记忆属于学习的最初级形式，新时代打造的"金课"倡导教学凸显"两性一度"，即创新性、高阶性和挑战度。如果仅限于"模板"，学生很难创新；如果没有模板，学生很难掌握设计课的基础。如何权衡好"模板"与创新之间的关系？是给出一个模板，其余的教学设计由学生去模仿，还是所有的教学设计给出统一模板，学生统一背诵？且行且成长。

醒言："背诵模板"说明学生已经习惯了应试教育的思维，这是应对基本功大赛的高效策略。"背诵模板"不符合高校培养具有创新能力与实践能力的社会主义建设者和接班人的人才培养目标。教师在课程教学中要不断变革体育教学方法，开拓学生的创新思维，全体教师在教学过程中要注重创新，培养具有创新精神和实践能力的大学生。

人生可以改变宽度

"体育专业导论"是这学期开设的一门新课程，领导临时安排我去上，我不好意思拒绝，就答应下来。既没有教材，也没有任何教学计划，该上什么，怎么上，我一头雾水。通过调研，我了解到开设"体育专业导论"课程的学校并不多，大多数学校开设的是"体育概论""体育经济导论""休闲体育导论"等课程，要么就没有开设体育理论课程，我感觉

第四章 从效仿到建构：体育教学方法论

"体育专业导论"应该体现在"导"。"导"应该在进校之初进行比较合适，而对于大三学生，"学校体育学""体育概论"都已学过，应该导什么？如何导？学院规定"体育专业导论"课程开设节数为四节。

"老师，'体育专业导论'是什么呀？"幸好这是我之前考虑过的问题，在没有任何指导书的情况下，我认为了解体育、体育学的发展史，体育功能与作用，有助于学生制订职业规划，但是这些内容需要与学生共同建构，于是我试探性地问："既然是导论，你想学习什么内容？"

"老师，'体育专业导论'是什么我们都搞不清楚，按说大一就该开设啊，怎么到了大三才开设？"

"大三开设也好过不开设啊，这门课应该是职业规划内容的一部分，让学生了解学科的发展、特点和功能，以及结合学校的实际，为职业规划的制订服务吧？"

"老师，那我们在这四节课中能学到什么内容？"

"我是这样安排的：第一节课，主要介绍体育的内涵、范围、功能、目标以及发展史；第二节课，主要介绍本校师资、专业以及学生就业情况；第三节课，主要比较中外体育专业人才培养目标以及课程设置；第四节课，主要介绍体育专业的未来机遇与挑战。"

"学习这些有什么作用？"

"'职业规划'是你们的必修课程，在制订职业规划之前，你们不仅需要了解职业的发展现状、职业的社会需求，还需要了解自身的兴趣爱好，大学期间尽可能结合专业发展自己的兴趣爱好，'体育专业导论'是你们制订职业规划的前期基础。我的同门师弟志海老师除了做高校教师之外，还曾经到北欧培训过半年多，既是户外运动的导师，也是北京冬奥会技术官员；钟鞔是北京冬奥会外联部工作人员，曾经是我国花样游泳队运动员，退役后在北京体育局工作，业余时她也做幼儿体育培训；倪红曾是国家队击剑运动员，退役后曾在北京击剑队担任教练工作，通

115

过研究生免试保送获得硕士研究生学位，现在成功转型为首都体育学院体育教师，他们都从体育专业队员身份成功转型。学好体育知识与技能，有助于拓宽发展空间，除了学校教师行业以外，教育培训、体育产业均是我们体育人的广阔天地。未来已来，你准备好了吗？"

"老师，听您这样一说，我发现体育专业的就业范围还是蛮宽的。"

利用体育事业发展期所需要的知识和技能，引导学生开阔思路。

"是啊，体育专业的学生需要提前做好规划，对体育专业进行全面的了解，对本校专业发展的实际情况有所了解，为自己的职业规划做好铺垫。人们常说'人生的长度没法改变，但是读书可以拓宽人生的宽度'，学好'体育专业导论'，做好职业规划，未来可期。"

"老师，这门课要是在大一刚入学就上会更加合适，大三学生的职业方向几乎已经定型了，未来更改的可能性不大。"

我真正体会到，人生的长度不可能改变，但是真的可以改变人生的厚度。

醒言：职业规划是个体以及家庭生活的重要组成部分，职业规划的前提是对所学专业有充分的了解，在了解社会需求的基础上，结合自身的兴趣爱好与性格特征进行近期规划和长远计划，只有近期目标和长远目标相结合，大学生才能更有动力、脚踏实地地阅读、学习、体验各种学科知识与技能，不断拓宽知识宽度，为未来广泛就业和职业发展奠定良好基础。各个高校虽然已将职业规划纳入人才培养方案，但是前期的基础课程"体育专业导论"到底应该在哪个学期开设，开设的内容、范围是什么？采用什么教学方法？达成怎样的教学效果？这些方面还需要进一步探究。

编排武术操

2020年10月，我带着全校7个专业的8个学生奔赴基层，踏上SG学院首批高校服务基层的挂职锻炼之旅，由于没有协商好，学校没来得及下发挂职聘用书，我怀揣着一张打印证明材料前来SX县CN中学报到，身份是实习指导教师。在未报到之前，我曾多次组织学生自我介绍、组建团队和磨课。第一天，我就向实习队提出了纪律要求：服从实习学校的一切管理制度，以正式教师的要求规范我们的行为，如早晨跟班，早晨跟学生一起出早操。

为了更好地了解SX县的体育教学情况，我抽空到周边学校调研。

离CN中学比较近的DG中学，共有15个教学班，初一4个班、初二6个班、初三5个班，这所学校有体育教师5人，应该说比较富足。初三每周3节体育课，初一、初二每周2节体育课，体育教师中一人支教，一人担任校长，承担4节体育课，一人承担8节体育课，剩下的课主要由其他2名体育教师承担，人均12节左右。体育教师中3位毕业于韶关市中等运动学校。体育教师的平均年龄为46岁。学校有体育器材但是几乎不用。

MJ中学离CN中学几公里，是全市班级最多的初中学校，有教学班18个，全校有体育教师11人（其中2个临聘教师），除了高级教师每周6节课以外，其余教师每周12节课。学校有2个并列的篮球场，一个足球场安装了4个球门，300米的田径场，每个学生自带足球，并在上面写清楚班级和姓名。

CN中学现有体育教师3人，共12个班，其中一个体育教师改教地理课，各年级每周2节体育课。初三每天一节训练课，体育教师指导，全体年级班主任、政教主任甚至校长到场监管。篮球场有两个，400米田径场一个，中间建设了一个标准足球场。

CN中学非常重视体育中考，全员进行监管和培训，特别是初三学生，每天训练体育中考的内容，每个月进行检查，教师和学生倍加重视体育中考。而体育课没引起足够的重视，不过学生比较重视运动竞赛，积极参与县里组织的各项比赛，实习生刚到校就接到了编排武术操的任务。

"老师，我们被安排编排武术操，我们在大学期间学的内容都还给老师了怎么办？"镰武同学看似向我汇报，其实向我求教。

"好啊，武术操的编排使你们在大学期间学的知识有了用武之地。虽然你们不一定完全记得动作，但是你们可以搜索相关资料进行创编啊。"我慢条斯理地说。

"老师，我们应该注意哪些方面？我们应该如何选择动作和音乐？时间很短，我们好着急啊！"

"首先，关于武术的教学内容，你们可以参考《义务教育体育与健康课程标准（2017年版）》，教学内容要符合初中生的身心特点。首先，确定素材，自己创编，还是根据少年拳、太极拳、长拳进行照搬或者组合？其次，音乐要凸显爱国主义情怀，节奏感要强。"镰武同学很焦急地说："老师，那我定成型的动作套路行不行？音乐选择《精忠报国》行不行？"

"当然可以，学生训练和比赛的时间紧，你需要把武术动作的评分标准研究透彻，另外就是学生能够流畅地完成动作，注意动作节拍，把音乐节奏合准。"

为了完成武术套路比赛的任务，镰武同学从网上下载视频，一遍又一遍地学习，对于视频镜面中看不清的地方，搜索展示图进行观看，从自主观看视频学习到熟练动作套路，花了几个白天黑夜，当自己学会了的时候，才发现"教"又存在问题。

镰武谦虚地问我："艾老师，我应该如何教？"

"对于武术套路，我建议你在讲解前先自己完整地示范一遍，给学生留下完整的动作印象，然后分解练习，分解练习前需要进行热身活动，热身活动内容需要与动作套路紧密相关，要注重扎实武术的手形、步伐基本功。"

"艾老师，我原本通知所有的学生集合，从中挑选出第二课堂的人选，自愿者很少，大多数学生是被强制要求参加的，从人员筛选到队伍调整足足花了一节课的时间。第二节课，队伍编排基本成型，总共77人，结果有些学生打了退堂鼓，最终参加训练的学生不到一半，果然'兴趣是最好的老师'，学生不喜欢，强行安排他参加，他也不参加。"

"是啊，武术训练要激发学生的兴趣，否则剩下的学生还有可能打退堂鼓。"我提醒他。

"老师，武术操课上，集合整队、准备活动、讲解示范、纠错等环节占用了很多时间，练习的时间不到一半，超过一半的学生无法完成，我应该怎么办？"

"首先，体育课提倡精讲多练，这些比赛前的训练更应该注重精讲多练，武术基本功的训练放在课的准备活动部分，注意控制好哪些该讲、哪些细讲、哪些略讲，体育本身就是以身体练习为基本手段的强身健体的文化活动，课程教学或者训练都应该讲究结构化，设计好导入环节，不应该说准备活动与教学内容无关，或者完全是你自己在讲和示范，完全没有考虑如何激发学生学习的积极性。"我对他提出的问题进行了解答。

他立马说："老师，我也设置了游戏环节以激发学生的兴趣，跑步绕圈报数抱团，并且带领学生做正踢腿、侧身跑、行进间扩胸等热身动作，但是我感觉还是浪费了很多时间，另外抱团时没有腾出足够的安全距离，可能存在安全隐患。"

听到他的话，我感觉他在教学实践中学会了反思教学实习，也感受到了他在教学实践中的成长。

醒言：编排武术操是实习生在学校教学实践中的冰山一角，通过编排武术操，学生运用大学期间所学的知识，如武术知识与技能、音乐编排与节奏知识与技能、体育教学知识和技能、体育教学方法、体育课堂组织与管理，实习生在教学中进行反思，"做中学"能够快速提升师范类实习生的实践教学能力。此外，体育专业的学生在实习教学实践中需要指导教师给予有针对性的指导，这样可以使学生真正收获实践知识。实习指导过程中的教学方法，不是靠说教就能轻易获得，毕竟"纸上得来终觉浅，绝知此事要躬行"。

第五章　过程与结果相结合：
体育教学评价论

初登讲台

不知不觉就到了大四，按照人才培养方案，这学期大四的学生都得奔赴韶关或者珠江三角洲的学校去实习。我也以驻点实习教师的身份入驻乡村初中学校。入驻之前，我组织学生进行磨课、试讲，到了实习学校，再次磨课、试讲，终于等到学生登台讲课。

我所带的实习队为"混编队"，有数学、英语、物理、地理、体育、语文、生物七个专业的学生，要求学生之间跨学科听课。每天中午实习队的学生都会不约而同地集中在食堂吃饭。有一天，捡妹笑嘻嘻地对我说："艾老师，我今天去听育柳的课，本来要叫上其他同学一起的，但他说他很紧张，因此我就自己去了，没有想到他的实习指导教师也在。艾老师，说实在的，我都惊呆了，育柳的台风真的很稳，不愧是经历过教师技能大赛培训的人。不知道他为什么不想让我们去听他的课，我觉得他很有教学经验，讲得挺好，实验也做得好。"

"那你现在准备得怎么样了？"我一边听捡妹讲育柳的初次登台情况，一边询问她的准备情况。

"老师，我在登台讲课前先对学生进行了了解，我发现这所学校的时间安排特别紧凑，从早到晚都没有什么休息时间，课间只有 5 分钟，午休也不能回宿舍，只能在教室做作业或趴在书桌上午休，太辛苦了。而且上午的作业中午一定要做完，这样无形之中给了学生很大的压力，上午的语数外作业常常会很多，学生很可能做不完，这样学生也休息不好，下午和晚上还有课。洗澡时间只有一个半小时，但是每间宿舍有12个人，时间太紧了，我突然觉得现在的中学生确实很辛苦。"听着捡妹的感慨，我觉得她具备关爱学生的教育情怀，能够设身处地为学生着想，思考中学的教育问题。我用鼓励的眼神看着她，希望她能继续谈谈感想，她接着说："在跟着实习指导教师见习的过程中，我慢慢地接触学生和指导教师，在跟随指导教师听课的过程中了解了黄老师的讲课风格。黄老师比较稳重、有耐心，能够提前准备好场地器材，并充分发挥小组长的管理作用，力图通过小组互助增强学生的体育学习能力。然而由于教书时间长了，黄老师的教学缺少激情和创意，更多的是经验性的传授。因此，学生更喜欢自由活动，不太喜欢上体育课。同时，学生的课外活动及课间操的内容也与课堂教学内容无关，课堂上的教学内容主要以800米跑或者仰卧起坐等体质测试内容为主。"

"学校对学生的内务管理比较严格，如被子的折向、物品的摆放、衣服的晾晒等都有严格的规定，不能违反，否则会扣分。星期一黄老师检查了学生的内务情况，有些学生还是不够细心，总有这样或那样的问题，需要老师经常督促。班会上，黄老师重点对班上的问题进行了回顾和解决。班会一般都是总结上一星期的问题，并提出解决办法等，如果学校有主题要求则进行相应的主题班会。"

"因为我在考编制，所以跟指导老师商量准备选择篮球、足球相关的内容进行试讲，我已经准备了四节课的教学设计，指导教师过目了，争取按照单元教学设计的内容进行，做到结构化教学，融合《义务教育体育与健康课程标准（2017版）》的理念，也在同学间进行了试讲，他们都说还不错，但是我还是有点紧张。"

我回复他："初为人师，紧张是正常，遇到未曾经历的事情总是有兴奋、期待和紧张，这是人的正常心理，或者说对于未知的事物，人们总是感到恐惧，其实没有什么可怕的。"

第五章　过程与结果相结合：体育教学评价论

"谢谢老师，我明天就要上讲台了，有点忐忑。老师，我还有几个问题问你，上体育课时如何调动气氛？如果学生不听话怎么办？"

"上好一节体育课确实不是易事，不过讲清楚动作要领，做好正确的示范，加强课堂教学组织，需要不断积累经验。如果你第一次上课就能组织好课堂、完成教学环节，就已经很不错了。如果学生不听讲，那就应该加强课堂纪律管理，这需要课前充分了解班级学生，掌握学生的基本情况；课前对教学进行精心设计，组织形式多样化，只有充分考虑学生的学习基础和需求，学生才会投入。如果上课内容空洞乏味，学生不愿意参与很正常，这可能与上课准备不足有关。祝你一切顺利！"俊杰似乎得到了安慰。

中午正准备午睡，微信提示铃声响了，我拿起手机一看，俊杰给我发来他的实习感悟了："老师，我在教学中口令失误了……"我立马回复："到底怎么回事啊？"

俊杰说："老师，在今天的田径运动会上，我负责发令，我用了口令'三、二、一'，我知道短跑起跑应该用'各就各位，预备，跑'的口令，我可能平时没有注意这些细节，所以被指导老师骂了。"停顿了一会，他又接着说："这所学校以文化成绩为主，同时通过体育和小语种来提升学校的升学率。体育在这所学校被高度重视，学校领导认为无论是升学还是就业，体育都具有广阔的前景，并且为学生提供了很多应对高考的'捷径'，如体育生需要文化成绩，对于英语成绩不好的体育生，学校开设了小语种课程，日语的考试难度就不大，且中文与日文有着密切联系，很容易得高分；对于自身素质不强的体育生，可以选择体能要求不高的乒乓球。总之，想方设法地帮助学生顺利升入大学，这样既提高了学校声誉，又为学生未来铺设了美好道路。我感觉压力好大啊。"

"这还没有开始上课呢，上课压力岂不是更大？"

"老师，我连吹口哨都是现学的，以前没有怎么练习，还好效果还不错，总体上没有什么影响，学生都挺听话，非常配合我。"

"那说明你很优秀，学生认可你，才配合你。"

"谢谢老师，我有时间再跟老师汇报，再见。"

跟俊杰刚说完"再见"，又有微信信息，我滑开微信，是武镰同学发来的，他在 CN 中学实习。"老师，实习指导教师让我们带武术队，训练内容由我们自己定，这可难倒我们了，大一普修时学过的内容差不多都还给老师了，后来我跟同学商量训练少年拳的第一套、第二套，我们两个一起观看挂图，琢磨动作和身体运动轨迹，练熟之后就开始组织武术兴趣班的训练，最初来参加训练的大约有 70 人，中途有学生提出退出，这让我有点苦恼，不知道是不是因为我的教学方法不合适，我担心动作太难让学生打了退堂鼓，没有想到学生说是因为无聊……"

"这星期确定了韶关市第 25 届中小学英东杯文体武术竞赛的人选、参赛项目，其中的报名材料有难度系数登记表，我是第一次接触这个方面，指导老师说他也是第一次接触，我连忙找到武术专业的大学同学帮忙，他也只是略知一二，我只能老老实实告诉指导老师'我不会'，我也真正体会到了'书到用时方恨少'，指导老师让我随意填写数据，最后这个难度系数表的事情不了了之。湘带学生训练，我带学生学习。据指导老师透露，后续学生要参加体育竞赛，我不得不加紧训练内容学习的进程，也许因为我在不断琢磨让学生掌握得又快又有趣的方法，有些原本说要退出第二课堂训练的学生又说不退了，这让我感到很开心。"

"那说明你非常善于分析教学实践中的问题，也善于解决问题啊。"

"嘿嘿，我发现大部分学生的掌握能力还是太弱，就琢磨着培养体育骨干，当我询问哪些学生愿意担任骨干的时候，有 7 个学生毛遂自荐，我观察过他们的动作，其实掌握得也不是很好，不过距离竞赛还有近一个月的时间，每个选手需要学习两套动作，他们的压力很大，我的压力也很大，我不擅长这个专项，对武术也没有什么兴趣，但是为了应对教学我必须好好学习，我相信我可以。"

"你应该有这样的自信，老师相信你一定可以。"

"谢谢老师，下个星期我就上体育课了，也就是从明天开始上体育课，我一个星期有4节体育课，我在大学里学的是篮球，这不是我第一次进行篮球教学，却是我第一次面对初中生进行篮球教学，第一次面向40多个学生教学，压力还是有点大。我已经去器材室查看了器材，只有不到10个篮球，其中4个是漏气的，幸好漏气不是很严重，我思来想去最终决定让学生自带篮球，我也请教了指导老师关于器材不足的问题，指导老师说利用周末回家的机会让有球的学生带球来上课，最终大约20个学生带球来学校了，再加上学校的篮球，基本上能够满足两人一球的篮球技术教学。"

我回复学生说："初登讲台，遇到这样那样的问题都很正常，毕竟理论知识与实践知识的结合需要一个过程，中共中央、国务院印发的《关于全面深化新时代教师队伍建设改革的问题》，广东省出台的《广东'新师范'建设实施方案》，明确提出了教育实践的要求，教育实践不得低于18周，经验都是在实践中积累的，边实践边积累，相信你一定能通过教学实习为成为一名优秀教师打下坚实基础，也祝愿你早日成为优秀教师。"

学生看到我的回复，紧张和焦虑立马得到缓解，发来"非常感谢老师"。

醒言：夸美纽斯初为人师时，提出要对教学充满热情，对学生充满热爱，勇于在教学实践中探索经验，积极实践。体育专业的学生初为人师既紧张又兴奋，兴奋的是经过大学的理论积累和运动专项，以及通识课程的学习，终于实习了，所学知识有了用武之地，体育教学不仅涉及健康知识和行为，而且还涉及运动技术和运动能力，以及体育教学方法、组织形式和课堂管理。教师除了实践体育课程教学以外，还需要担任教练员、裁判员、组织训练和赛事的相关工作，唯有在教学实践中不断积累经验，方能破茧成蝶，成为优秀体育教师。

第一次上学校的公开课

习惯于铃声响后再进教室的学生居然都提前十多分钟到了，主动帮我打开电脑和多媒体，将他们自己准备的发言内容拷贝在电脑里。我尽可能展示我常用的教学模式，尽管领导、老师陆续走进教堂，我似乎已习以为常，并没有感觉特别紧张，但在组织语言时不能脱口而出、偶尔结巴。我认为PPT是展示给学生看的，我应该多与学生互动、交流，借助于PPT进行演示讲解，激发学生的学习兴趣，提高学生勤于思考、质疑的能力。学生一边听老师讲解一边观看PPT，学习教师的教学方式，学生也可以批评、质疑，教师对学生的影响是潜移默化的，当然即便我不说，学生也会进行甄别、选择和模仿，我觉得最重要的是创新。由于课前准备充分，小组讨论活跃，上台发言者展示充分，台下听讲者踊跃点评，课堂氛围既热烈又有序，学生总体上表现积极、热情。

学院一而再、再而三地提醒大家互相观摩，来到这所新学校不断接受领导的检阅，上学期人事处长、教学督导、学院教授们分批次、不定期来听过我的3次课，都对我所讲的课给予了充分肯定。一个教学督导曾对学院领导说"艾博士是你们体育学院的福分"，这么高的评价真让我汗颜。学院领导对我的教学给予了正面评价，其实学院领导早在第五周就试听过我的课了，由于课间时间短，临时召集教师评议，学院领导对我的教学模式进行了充分肯定但没有进行细评。今天我依旧上第一、二节课，因为我还要在下午上第三、四节课，很想听听同事们的意见和建议，所以我提出将课堂评价改到中午时分，正好大家一边吃饭一边点评，这也是领导们常用的工作方式。领导们欣然应许。副院长让我安心上课，他已经安排同事预订好房间了，但这次我主意已定，邀约了十来个同事，中午共进午餐，借此机会对教学进行评议。副院长如此评价："我总结了四句话，即教学内容涉及面广，能深入浅出；教学手段多样，教学方法新颖，时代性强；课堂互动频繁，学生参与度高；教学组织得当，活而不乱。"领导的评价这么高，我简直汗颜，连忙说道："优点就不要说了，多提宝贵意见和建议吧，以便于我改进。"没等我说完，副院长继续说："我准备上报学校，把你的课当成示范课，组织全校老师学习。"一位听课的年轻老师说："我是从专业运动队下来的，听完这节课，我收获很多，感觉以前学过的知识又重现了，我建议艾老师给我们进行3天的上课培训，否则我要经常来蹭你的课。"另外一名女老师说："我以前也上过体育学院的理论课，感觉带不动学生，每次都是我讲我的，他们做他们的，艾老师能够调动学生参与，讲述的内容从体育历史到体育概论、学校体育学，整个知识面好广，看来还是要读博士，上课那个'范'就是不一样，'腹有诗书气自华'啊。"老师们一边评议着我的课，一边议论今年学校又引进了3名体育博士，基本上就等着签订合同了，健美操的规则和套路变化那么多，确实需要博士带动，但是博士又那么难招。学校基本上确定今年至少引进3个博士，目前算我在内已有2个。另外，在读博士的教师有4人，整个队伍真的越来越壮大。

  领导和同事的肯定让我感到很欣慰，教学是一名教师的立身之本，"十年树木，百年树人"。副院长还总结说："德国著名的教育家第斯多惠说，教育的艺术不在于传授的本领，而在于激励、唤醒和鼓舞。你真的做到了，看来引进你真是我们做出的正确选择。"我只是按照学校公布在网页上的时间、地点、授课教师名称和教授课程，选择我感兴趣的课程去听，参加学校为我们新进教师组织的每一场培训；尝试改变教师权威式的课堂模式，对学生不再进行灌输教育，而是力争凸显他们的主体地位，思考在互联网时代如何利用现代科学技术改变课堂生态。对于"对分课堂"教学模式，从我目前试用的效果来看，不但点名非常方便、快捷、准确，而且布置作业、批改作业也特别实用，效果真的很好。

我只是努力在做我该做的事情，领导和同事的高度评价给予了我更大的投入教学科研的热情。这是一个奋进的集体，每个人都在努力进行教学科研，我现在有些后悔过去几十年的荒废，正如女儿对我说："幸好现在觉醒了，还不算迟，努力还来得及。"现代人的平均寿命为70多岁，按照这个规律，我至少还可以工作30年，真正的高等教学生涯才起步，加油！争取做领导与同事眼中"教育改革落地的先行者"，其实我从来都不敢将自己树立为"标杆"，唯愿努力践行自己的教学信条，无怨无悔。

老师，闭着眼睛才好听

在 CN 中学挂职锻炼，学校层面出台了一系列政策，县、市教育局发了挂职的聘书，原本应该按照学校文件的规定去执行，但是某部门领导下乡到 CN 中学，给出了拟凝练基础教学成果奖的要求，需要不断打磨教师的教学案例，拟出版一本专著。接受任务之后，我在该校会议室积极组织教师举办撰写教学案例的讲座，积累教师在教学中的教学案例，为完成某部门布置的任务做好准备。到 CN 中学已有一个月，由于行政上很多关系没有理顺，很多工作根本没有办法开展。教师发展中心拟申报教学成果奖，要求我组织教师撰写教学案例，编写教学案例集。于是我举办了题为"如何撰写教学案例"的讲座。

"老师们，大家拥有丰富的教学经验，但是为什么我们常为职称论文发愁？这是因为缺乏教育实证研究的思维，较少思考自己的知识贡献。

第五章　过程与结果相结合：体育教学评价论

关于教学案例撰写的重要意义，我简单说说，对教师来说，教学案例撰写有助于评职称、提升教育教学能力和教学质量；对学校来说，教学案例可以形成学校的品牌和教学成果，提高学校的声誉。"

"今天我主要讲如何撰写教学案例。教师要对教案进行设计，如教学目标设计。你希望把学生带向哪里？你期望学生理解什么概念或者能够做什么？这些概念为什么对学生来说非常重要？你认为学生在学习这些概念时会遇见什么困难？哪些教学策略和活动能够帮助学生理解这些概念？你会用什么方式评估学生对这些概念的理解与困惑？这节课需要掌握的材料和器材是什么？SX中学老师说'差生不愿意学，中等学生努力不够，优等生拼得不够'，如何激发学生的兴趣和积极性？教学重点和难点是什么？采取什么方式解决和突破？我们要转变观点，尊重学生，把学生看成有独立人格的人。如何重构教学内容？哪个环节采用讲授、示范的教学模式？哪个环节采用小组学习的教学模式？哪个环节采用沟通合作的教学模式？这些都需要教师提前设计。对于CN中学'一体六环'教学模式，我不清楚它的内涵是什么，我认为教学目标的双基教学到三维目标再到核心素养，一定伴随着'一体六环'的新理念。"

看着教师认真听讲的模样，我继续讲："案例到底是什么？比如，医生看的病例中有普通病例，也有特殊病例；律师审的案例中有普通案例，也有特殊案例。我们的教学过程中是否存在着特殊案例？案例其实就是一个个鲜活的故事。"我讲了两个我在校园里目睹的故事《老师，我又哭了》《我是学渣》，从教学理论上来说，这应该引起教师的反思。

讲座结束后，很多教师不愿意离开，询问如何解决教学中的问题，如何因材施教。一位音乐教师讲述了在她课堂上发生的真实案例。

"艾老师，我给你讲个事情，我觉得还是蛮典型的，可以写成教学案例。"

"那你说说典型的地方在哪里？"

"有一天我上音乐课，遵照爱国歌曲进校园的要求，我采用曲谱教会了学生唱《我和我的祖国》，全班学生跟唱、个别学生领唱，几遍之后，我感到大多数学生已经掌握，为了激发学生对音乐的兴趣，我即兴采用笛子伴奏了《我和我的祖国》，获得了全班学生的掌声。这时候教室中突然冒出这样一个的声音'老师，如果不看着你吹，我觉得特别的好听！'听到学生的话，我一时顿住，不知道该如何应对，我打趣地说'你真是哪壶不开提哪壶呀！'学生也跟着笑起来……"

"当时我示意学生安静下来，播放交响乐版的、钢琴版的、笛子伴奏版的《我和我的祖国》，让他们感受不同伴奏的音乐韵律和美感，然后通过笛子激发学生的民族情怀，引导学生欣赏民族乐器演奏的爱国歌曲。这个学生在课堂上发出了不同的声音，也是天真无邪的表现，可能觉得我的肥胖形象影响了音乐的美感，遮掩了音乐的韵律美，我自己也该好好反省一下，由此可见教师礼仪对学生的深远影响。我觉得这是一个很好的教学案例。"

其实仔细想来，孩子说得很形象。这位音乐老师身体发福，身材走了样。人们常说"教师是人类灵魂的工程师"，除了心灵的塑造以外，教师的仪表仪态、行为举止都对学生产生着深远影响，教师的身材是追求美、塑造美和感受美的直观感受，"为人师表"不仅体现在声音美、仪态美，而且还体现在形体美，教师要用自己的美影响学生。只有教师本身懂得美、欣赏美、创造美，才有可能影响、感化学生。

"艾老师，我还有个案例。2019年9月26日下午，学校举行了彩排活动，学生都兴高采烈地表演着自己的节目。突然耳边传来一阵抽泣声，我跑过去看了看，两个女同学躲在舞台的后面哭得泪流满面，我走过去问'你们为什么哭，勇敢一点，不要哭好不好？'她们羞涩地点了点头，但还是眼含泪水。"

"我很理解她们，这是她们第一次上舞台，非常想展现自己，但是又

第五章 过程与结果相结合：体育教学评价论

很害怕，虽然这只是一场简单的彩排活动，但是她们已经鼓足了勇气在同学面前表现自己。其实每个孩子心中都有一颗希望的种子。作为一名普通的教师，我觉得我应该帮学生勇敢地迈出去，实现梦想的第一步！加油吧，学子们，老师为你们的成长保驾护航！"

"我觉得这个案例还需要你补充故事发生的背景、详细经过、教育原理和教学反思，这样才能成为完整的教学案例。"

音乐老师继续说："艾老师，你今天讲的都是德育方面的例子，并没有讲教学上的案例。"教学的目标是什么？我们一定要从狭隘的视野中走出来，"一体六环"中每一环设计的意义是什么？我的脑海里马上跳出"我讲不完"的案例，你是否经常听见这样的案例"我讲不完"。我很惊诧，为什么你要讲完？你的课堂是以你为中心还是以学生为中心？是以你讲授为目标还是以学生掌握为目标？你是如何设计课堂教学内容的？你是否对教学内容进行设计？是否对教学内容的层层递进进行设计？从基础知识到知识运用是否进行了不同层次的设计？重难点知识采用了什么结构？你是否对课堂教学设计进行了回顾？课堂教学设计是否科学合理？"

我也在反思，对于讲不完的教师，他从思想观念上就没有把学生放在主体位置，没有将学生看作有主观能动性的人，这是教学观的问题。另外，在学生观上没有将学生看成课程资源，没有将教学经验与课堂进行结合。如果教师认真备了课，明确了教学内容的整体框架、教学重难点，肯定会懂得详略得当，能够做到得心应手。同时，会设计学生的活动，将学生的思考、讨论、合作、表达能力和自由发表观点的能力发挥得淋漓尽致。如果教师不转变观点，不注重学生，那么他的教育注定是失败的。

醒言： 教学案例撰写只需要教师善于关注学生、关注课堂，在故事发生的背景、故事经过的基础上加上教师反思即可。只要教师愿意在教学上投入精力、花费心思、勤恳记录，反思教学，尊重学生的主体地位，就能够成为教育行业内的专家。

一个领导也不认识

每个周末，我都乘坐滴滴网约车从 SX 县回学院。这周刚进家门，我就接到教师发展中心领导的电话，说是让我去 SX 县 CN 中学调研，希望我能积极配合，于是我连夜赶往 CN 中学，并且给实习生发短信"我晚上回 CN 中学"。

"老师，你开玩笑的吧？你不是刚回家吗？"他们在群里纷纷议论。本来想告诉他们，我一刻都不想离开他们，但我还是选择了第二天早晨再打电话给他们。第二天一大早，我先打电话给实习队长，实习队长没接；接着打给我认为比较勤奋、自律的剪梅，剪梅悄悄说："老师，我已经起床了，其他同学还在睡。""你看看能否叫醒他们，让他们参加今天 CN 中学调研的会议？"

"好的，老师，我叫他们。"剪梅早早来到会议室，这个学生除了在准备教师资格考试以外，还在准备考研，压力很大，我告诉她可以去复习。

再后来，育柳来了，睡眼蒙眬地说："老师，我肚子好饿，还没有吃早餐。"我找到两个苹果，让他先吃，告诉他如果没有其他事情可以参加会议。

开完会，领导说："晚上和实习生一起吃顿饭吧。"我一边感谢领导，一边给实习生发微信："晚上过来跟学院领导一起吃饭吧。"

队长回应："我跟同学们商量一下再说。"

到了晚饭时刻，我在群里发消息："所有人，晚上可以过来烧烤。"

队长首先回应："老师，我晚上有其他安排。"

武乡说："我吃饱了就溜。"学生不愿意参与，我感觉领导约学生吃饭，学生还不肯赏脸，很难为情，甚至有点恼火。

"武镰，学校H处长知道我们有8个实习生在这里，专门安排实习生一起吃饭，你们不来，是想让艾老师为难？"

雯羽在群里发了一连串省略号："我不认识领导。"

武镰：我已有安排，感谢学校领导关心。

郑吕文：我不认识领导。

子红：我嘴唇生水泡了，可疼了，吃不得这些热气的东西。

惠美：今晚我要和导师商量论文的事情。

我深感问题严重，于是回复"没问题""你们先忙""有事或者不愿意参加的可以不来"。我们现在除了是实习老师以外，还是学生，所以礼貌是应该的。我们在CN中学实习主要是向他们的老师学习经验。从某种方面来说，这话似乎也没毛病。于是，我回复道："你们有事先忙，我替你们谢过领导了。"

雯羽：艾老师，啥意思？不用去了是吗？我回复：随时欢迎大家。

后来，三个女生来了，H处长说："感谢你们给面子。"她们笑而不答，主动参与烧烤，自己烤自己吃，有的学生吃饱了就撤了，有的学生可能不太会烧烤，没有吃饱就继续在那里烤，也不怎么跟学校的教师交流。

学生走后，几名教师笑着对我说："现在的学生怎么这么自我？想来就来，来了也不跟老师打招呼，我们觉得他们在这里实习很辛苦，想让他们改善一下生活，结果人家完全不领情。"

我一脸尴尬，一方面，学校相关部门来到教学实习基地，与实习学校和实习生相互交流，有助于把实习基地建设得更好；另一方面，对于面临毕业论文、教师资格考试甚至研究生考试的大四学生，他们确实有权利选择自己的业余生活，现在的年轻人不愿意花时间在自己不愿意或者觉得没有什么价值的事情上，这也是情理之中的事情。随行的禾老师说："怎么有这么不懂事的学生？你来参加烧烤就不知道帮助老师烤烤？完全自顾自地吃？"接着她又说："指导实习的教师每周要跟学生交流，谈论相关事情，告诉学生应该如何做学生应该有起码的尊重和礼仪。"

是啊，学生确实应该对学校领导和老师心怀敬畏之心，实习指导教师应该指导学生实习期间的一切事物，但是问题出在实习队长来自 TY 学院，TY 学院的学生担任实习队长，而实习队长和 TY 学院的学生都不是我指导的实习生，人家有自己的实习指导教师。对我来说，严格管理会让他们觉得"手伸得太长"，但他们确实在很多方面完全遵守管理制度，安排错位造成管理上的不协调。对学生来说，他们服从学院和实习指导教师的管理，完全没有毛病。

醒言：实习算是学生初入社会，学校课程中常见的三维目标包括知识与技能、身体发展能力，以及情感、态度和价值观，《义务教育体育与健康课程标准（2022年版）》对体育学科核心素养做了明确规定，即提高学生的健康素养、发展运动能力和培养体育品德。2018年，教育部发布的《普通高等学校本科专业类教学质量国家标准》规定了基本培养目标，除掌握体育基本理论、技能和方法外，还强调培养具有创新精神、能够从事体育相关工作的应用型人才，培养学生的人际交往能力、适应社会的能力。我们不谈学生是否认识领导，学生应该给予领导和教师起码的尊重。实习生成长为合格的教师，还有很长的一段路要走，只有在工作实践中他们才会慢慢适应社会，懂得人际关系的重要性，只有理顺各种关系，才能以愉悦的心情工作、生活唯愿学生在以后的工作中不断成长，学会处理人际关系，营造美好生活。

论文指导初确定

今年，学校安排我指导 11 名学生的本科论文撰写，我的心理压力很大，毕竟有些学生不是自愿选择我的，从课上学生与我的沟通与交流就可以看出，学生与胡院长进行了沟通，但是未果，那就还由我带着。

六月初，为了让学生认真选题，我除了与学生见面、了解学生的兴趣爱好、讨论论文准备的方向之外，专门在餐馆安排了一次见面会，大伙儿一边聊天一边谈论论文设想。有些学生完全没有论文思路，我一再根据学生的兴趣爱好去引导，让他们选择自己感兴趣的论文题目。我原本打算让他们在六月份把开题报告和文献综述交上来，一是因为我忙，二是因为学生忙于期末考试，我也就没有多加催促。不知不觉就到暑假了，在暑假期间，我多次催促学生，但是又怕学生厌烦，不过其中认真的学生还是主动联系了我。

不知不觉到了九月，因为忙，所以我不能保证每周与学生见面，基本上两周见一次，看看学生的研究进展和论文格式。通过细看学生的论文框架，我发现论文框架方面存在很多问题，想让学生修改论文框架，学生一脸无助的眼神；问他们看了多少文献，他们也不说。有的学生说看了四篇，文献资料收集太少，因此很难有自己的想法，根本没有形成自己的论文架构。

眼看要到论文答辩的时间了，但是学生似乎不着急，对于指出的论文问题，他可能几分钟就跑回来告诉你他已经修改完毕，结果就是改了几个错别字而已，让人哭笑不得；当你让他重新阅读文献的时候，他的脸上现出不屑的神情，甚至说根本不想读，就是想按照一篇论文框架进行写作。我常常说，一篇本科论文就是你大学四年的综合检验，涉及论文撰写的方方面面，甚至包括计算机运用与排版，不仅仅是文字的堆砌。

我到底该如何指导这些学生撰写毕业论文呢？愁！

养成教育重细节

下午五点左右，我到达石岐中学，学院第一次与这所中学合作，是一个优秀校友联络促成的，并且给这所学校举行了挂牌仪式。细节决定成败，这所学校校长的一个小举动感动了我们：墙上的一个考试标识箭头标过了时间段还没有被抹掉，校长让具体负责人员及时处理。由此看得出这所学校注重"养成教育"。在这所学校，实习学生做好PPT展示汇报他们的实习收获，参与了学校的运动训练，篮球、足球、定向越野等体育竞赛都很棒，这所学校体育教师的电脑技术也很好，学生也可以实习其他学科，这样有助于学生成为一名正式教师。

中山北区中学距离石岐中学两三公里，北区中学老师陪同我们在石岐中学考察，然后带我们去北区中学。到达北区中学，校长和实习生在校门口迎接。实习生见到我很开心，这说明他们在这儿实习得很顺利。一名教师说他也是我们学院的学生，曾经在这所学校实习，后来被临聘到这所学校，月薪6 000多元，他在这所学校感受到了温暖。这里的实习队长曾经是体育部部长，一个工作很认真的学生，他专门做好了PPT进行汇报，展示在实习学校的情况，PPT分为教学、训练、外出学习、外出参观、生活等多个篇章，分篇分章处处留心，通过照片给我们展示了实习期间的所作所为，展示得很细致。北区中学的赵校长是一名女士，自2016年认识以来，我就认为她是一位有温度的校长，她把实习生的生活安排得妥当贴切，让实习生感到自己就是学校的一员，于是实习生干劲十足，学到了很多东西。

练习的指标合格了吗

我在东莞常坪小学学到了很多基层的体育工作经验,刚开始接触学生时,我感觉压不住学生,后来通过对学生的了解,与学生建立良好的感情,慢慢地能够顺利上完一节体育课。体育教师需要在实践和体验中慢慢转变,尽管我从小就立志当一名体育教师,但是我发现当一名体育教师很难,当一名好体育教师更难。我在课堂中偶尔组织学生玩游戏、自由活动,课还算上得不错。(其实不应该让学生自由活动,应该有组织、有目标地开展体育课,体育课有体育课的目标,要想成为一名优秀的体育教师,就得形成自己的教学风格,按照教学计划、单元教学计划、每节课教学计划进行教学。学生的体能不仅与运动训练有关系,而且还与营养、生活方式等因素有关系,因此不能采用一刀切的形式考查。有的学生直接问老师:"练习的指标合格了吗?"合格了他就不练习了,他觉得够了,这也充分反映出体育课的无趣,没有充分激发学生的学习兴趣。当然学生喜欢体育却不喜欢体育课的情况,不是一朝一夕形成的,也不是几名实习生能一下子改变的,我们只能说体育课既要有趣,又要提升学生的身心素质,这需要我们不懈努力。)

常坪小学校长认为,体育与语数外同等重要,体育教师的哨子不仅要具有艺术性,而且还要具有观赏性。常坪是篮球之乡,各种赛事机会特别多,学生需要具备全方面的知识。体育教师的功能是全面育人、展示学校形象。因此,校长对体育的认识决定了学校体育工作的好坏。

全员运动会

　　金秋十月，是学校开展秋季运动会的好时节。每年的高校运动会都冷冷清清，项目设置锦标化，与体育课程脱节；参赛对象精英化，是少数人的运动会；激励机制单一化，奖品主要以体育服装、篮球或者羽毛球为主。运动会的定位不清楚，也是大学生体质连年下滑的原因之一。首都体育学院原院长钟秉枢教授曾提出："大学体育应该从竞技主导转向娱乐和健康主导，竞技主导运动会追求更高、更快、更强；而娱乐主导运动会追求生活化和社会化，致力使学生感到幸福和对未来充满信心；健康主导帮助学生了解自我身体，创造完善的人格。"

　　根据学院安排，我前往珠江三角洲合作学校检查实习工作。实习生见到我很是亲切，主动上来向我汇报工作，东莞市寮步镇香市中学的洁仪同学对我说："老师，我们参与了学校的体测工作。在运动会开幕式上，学校安排实习老师唱歌和跳舞，在全校都引起了轰动，他们评价我们'好用、实用、耐用'。"听到实习学校对他们的肯定，我不由为他们感到高兴。

　　南海中学沙头分校的赖京华同学说："艾老师，纪律管理花费时间太长了。"

　　我非常理解地问道："难管的关键点在哪里？现在解决了吗？好些了吗？"

　　他点了点头，似乎不是很自信。我继续说道："针对不同学段的学生，管理方法不一样，针对水平一、水平二的学生，你需要激发他们运动的兴趣，如给出音乐节奏直接让他们跟着节拍动起来，学生会不由自主地跟着你运动，这样免去了枯燥的集合整队。不过这要求教师能够有足够的音量，和着音乐带领学生做运动，讲解说明运动要求。针对初中生或者高中生，教师需要明确严明的纪律。比如，严肃的教态、严厉的口令都有助于你的课堂管理，如果这方面没有做好，后续工作确实会有麻烦。"

伦教中学的邓丽娟和佛山实验中学的贾正对我说："老师，这里重视文化成绩，根本不重视体育课，体育课是可以被随意占用或者调换的，有时候两个班一起上课，我根本搞不定，高三完全是'放羊'，领导和班主任不允许把学生练得太累，高一、高二还上体育课，大课间就是分时段跑步。幸好高一采用了选项教学，否则我都不知道怎么上体育课。"

学生的反馈让我深感体育在基础教育中的地位弱化。国家高度重视青少年体育工作，2007年，中共中央、国务院印发《关于加强青少年体育增强青少年体质的意见》，2020年，中共中央办公厅、国务院办公厅印发《关于全面加强和改进新时代学校体育工作的意见》；云南省甚至率先把体育中考分值提高到100分，但还是未能改变基础教育对体育不重视的现状。

来到养正学校，只见校门建筑物墙上醒目地写着"养浩然之气，正做人之本"几个大字，建筑物顶端立着"养德正人，好学敏行"8个大字，这所学校正在举办秋季运动会，整个操场都是学生，林伟正同学抽空跑过来说："老师，实习生都在做裁判工作，都很忙，没有时间来见老师哦。"

我说："先忙着吧，我主要看看你们在实习工作中有没有困难。"

林韦正同学继续说道："老师，这是一所民办学校，体育特别有特色，课程也很有特色，校长非常重视体育教学和全体学生的身体健康，运动会要求全体学生参加，这一点非常值得学习，除了伤病等学生，95%以上的学生都参与了，改变了过去每个项目只有十几个人参加的冷清场面，运动会成为学生共同参与的活动，培养学生的集体荣誉感。当然项目的设计、组织肯定会有难度，要是高校里也这样改革，我们的运动会就不那么冷清了。"

养正学校的对面是本原小学，实习生张扬告诉我："老师，这是一所公办学校，已有112年的办学历史，你见过基础教育阶段的同类学校面对面吗？这两所学校各有特点，办得有声有色，养正学校不仅重视文化教育，而且还重视体育，运动会就是对体育课教学质量的检测，养正学校的各项体育竞赛成绩在镇上都是名列前茅。"

德胜学校的学生对我说："老师，这里对实习生的管理非常严格，实习准备工作在未到达实习学校之前就开始了，适应周期长，给角色转换提前打了'预防针'。科任组长说'来到德胜，没有把你们当成学生，而是一个预备老师'。一个预备老师就需要有预备老师的模样。预备老师需提前备课，并把备好的课交给指导老师检查，再对说课情况进行检查，科任组长的衣服每天会湿透五六次，因此他包里时常备着运动服，随时准备更换。无论是体育工作的热情，还是每天的运动量，都对我们产生了影响。"

通过检查实习工作，我了解了不同学段、不同学校的体育教学现状，为体育教学的改进提供了思路。

醒言：全员运动会是学校体育改革的发展方向，仅限于少数人的竞技运动会，不利于学校体育的健康发展，无法检测学校体育课程对素质教育的促进作用。全员运动会的关键在于校长对学校体育的重视，校长是学校行政事务管理的直接负责人，统筹着学校教学工作的各项事务，学校体育中的日常教学、大课间、课外训练、体质监测、运动竞赛等工作都需要学校领导的高度重视，如果学校领导不重视，学校体育工作可能会"流于形式"，这也是我国学生体质健康20多年持续下降的原因。养正学校和本原学校已在改革传统运动会的路上率先迈出了脚步，创新了运动会的内容和形式，但愿后续更多的校长认识到全员运动会的优势，重视体育的重要作用，为建设校园文化、办好人民满意的教育做出贡献。

老师，下课了

今天下午我让飞镖队的学生报名参加广东省赛，我希望他们去参与各种赛事，希望他们培养自己的运动兴趣爱好，有 1～2 项运动技能，结果在记录学生的比赛成绩时，耽搁了一点时间，回家拿了备课本去上课，按说是不会迟到的，在我踏入教学楼的时候，铃声响了，原本应该提前十分钟进入教室，但是我还是在铃声停下来的时候才进入教室，学生都笑了，我知道笑的含义，我规定谁迟到谁就要发红包。班长主动上来帮我擦黑板，并让我先发红包。我发了 50 元的红包。学生抢得不亦乐乎。遵守规则，从我做起，我也一直提醒大家凡事提前一点到，早到三光，迟到三慌。

课堂上尽管我讲得激情四射，但是学生似乎并不领情，还是有不少学生低头看手机，我先是用了一张古希腊奥运会的《掷铁饼者》图引入课堂，希望激发学生的兴趣，探究其背后隐藏着的文化？从古代奥运会的神话传说开始，讲解各种传说的来源、各种传说中所隐含的宗教信仰以及各种传说与古代奥林匹克之间的关系，从而激发学生思考古代西方体育文化具备哪些特征。他们参与竞赛，战胜自我，超越他人，体现了以人文和宗教文化为中心的思想，当然古代西方文化以欧美文化为主体，同时也包含不同民族的文化，呈现出多元性特征，随后我给出了一张长袍短褂射箭的图片，引申出中国古代体育文化的含蓄性、伦理性。中国古代讲究忠君爱国、伦理道德，中国封建社会之所以维系了两千多年，是因为中国人民注重实际、稳定，自给自足，易于满足，信奉"天人合一"，中国古代超稳定的结构，保证了封建社会的长期性。

教师不应该只做知识的呈现者，更应该做知识的发现者。上课的时候，我不应该自己滔滔不绝，应该让学生参与到课堂中，因此我安排学生中途休息，10分钟后催促学生进入教室，并给学生布置了任务，让他们认真阅读第一、二节，对比中西方体育文化的异同。在看书的过程中，有的学生在认真阅读，有的学生似读非读，甚至都找不到书中的内容，看得让人心焦，任务布置下去，如何调整才合适呢？我在教室里巡回，了解学生的阅读情况。当大多数学生已经阅读完毕时，我安排学生按照小组的形式进行讨论，要求小组长记录本小组成员的讨论结果，看看他们发现的问题以及收获，有些学生真正参与讨论，有些学生充当"南郭先生"。当讨论时间大约过了8分钟的时候，我开始抽查小组讨论情况。首先抽到的是第七小组学生，第七小组学生并非个个认真参与，但是其中不乏认真学习的学生，在学习骨干夏水钦的带领下，全组成员站到台上表达观点，就小组讨论结果进行阐释。从中西方文化的三个层次进行了阐述，从东西方的精神文化、制度文化和精神文化三个方面进行阐述，但是在物质文化的比较上卡壳了，接下来一个女生进行补充，她居然从中西方文化特征进行阐述，没有等她说完，我就知道她并没有接着小组成员的观点进行阐述，我评价了整个小组成员："你们小组表现得非常棒，但是与老师的理想目标还有一定的距离，在小组讨论过程中还需要努力。"

采用"对分易"平台进行随机选组，选到的小组成员一同上台展示，第五小组的发言人是卢文建，他介绍了东西方文化的特征，他的队员黄家成阐述中西方文化的异同，甚至总结出中国传统文化的内敛性，西方体育文化的外向性，这种总结不是照搬照套书本，而是在阅读书本知识的基础上的升华，黄家成原本想让小组成员都对其观点进行补充，结果江文杰似乎对书本上提供的阅读材料并没有消化，对于同学提供给他的笔记本，在朗读过程中断句都存在问题。

还没有等我选出第三小组，教室内就响起一个声音，"下课了"，我看看时间，9∶32，我很生气，按照往常中途不下课，确实可以9∶30下课，但是我中途安排了休息，并且专门给学生说了8∶55进入教室，8∶55到9∶32才30多分钟，怎么可能下课呢，我原本想查出是谁，班长出来解围："接着上课吧。"我接着给大家展示了我总结的上课内容——中西方文化特点以及中西方文化差异，不再请其他小组成员展示，时间也不允许，我不是一个爱拖堂的老师，我需要布置作业检验学生对课堂教学内容的掌握情况，于是我通过"对分易"平台给大家布置了作业。作为一个班主任的课堂，学生生怕多上一分钟，可想而知他们对这个课堂教学并不感兴趣，我应该如何激发学生的兴趣呢？当然，再好的课堂也不一定符合每一个学生的需求，学生在文化学习态度、知识掌握能力上也会存在问题。

如何设计课堂以使大多数学生满意？如何组织课堂以使学生学有所得？这些都是我需要考虑的问题。教师必须按学校规定上课、下课，不能影响其他工作学习，我认为我在时间把控上还是很注意的，我的时间观念还是非常不错的，今天我没有拖堂，如果我拖堂，学生是不是对我意见更大，这警示自己准时、守时。

老师，我又哭了

学生第一次见到我们，与我们打招呼的很少，大多数学生只是用好奇的眼神看着我们。一个叫林谷瑞的孩子给我的第一印象是很会撒娇，也很爱表达。拔草时，他的手指出血了，便一直给老师看，还撒娇，希望得到老师的表扬。农村的孩子早当家，这句话是不错的，学生非常熟练地使用锄头挖地和拔草。

周五下午最后一节课是劳动课，学生要去运动场旁边的菜地除草。他们都自己带了锄头去除草。通过这个细节我一下就认识到我们来到了农村，学生可以非常熟练地使用锄头，可能真是穷人家的孩子早当家吧！他们很朴素、很简单、很快乐！他们特别有礼貌，无论什么时候在校园里遇见，他们都会主动说"老师好"。

中午走向食堂吃午餐的路上，听到有个学生说："艾老师好！"我循声望去，原来是那个每次下课都喜欢跟着班主任撒娇的男同学，也喜欢跟实习老师聊天，几乎所有老师都认识这名学生，连我这个下乡挂职的老师也不例外。

我不由放慢了脚步，停下来跟他打个招呼，面对孩子的礼貌、尊敬，回应道："你好。"

他快速跑到我身边："老师，我今天又哭了。"

"一个男孩子为什么哭？"我不解地问道。

"我的啥啥不在了，"见我一脸迷糊，他从裤兜里掏出一张字条，捏在手上，扭扭捏捏递给我看。

"老师，我家的狗狗不在了，我对它很有感情，我写了一篇对它表示思念的文章，我上课的时候想狗狗了，因此我就哭了。"

在对我诉说的过程中，他似乎又要哭了。面对逝去的同伴、亲人、朋友，我们悲伤、痛哭、情绪低落，这都是人之常情，可是如何让这个青春期的孩子，在其世界观、人生观和价值观形成的关键时期正确对待这件事情？闪现在我脑海里的就是引导他认识生命，并对他进行生命教育。

"不要伤心了，狗狗死了，活不过来，生命只有一次，因此我们要珍惜生命。"

"哎，它死了。"

"死亡是正常现象啊，任何事物都会经历出生、发展、消亡，人是这样，动植物也是这样，如果没有新旧更替，社会也没有办法进步啊。"

"它是非正常死亡。"

"哦，你要知道它再也回不来了，人的生命只有一次，因此我们要珍惜生命。"

"可是我忘不掉它，上课我老是想它。"

"它已经不在了，过度悲伤不会使狗狗复活，但是会影响你的学习，你为什么不化悲痛为力量，以优异的学习成绩来纪念狗狗，把好消息汇报给另一个世界的狗狗？如果你将精力用在学习上，你肯定不再沉迷于对狗狗的思念了。"

"好的。"

他依依不舍地离开了。

其实，最初来到 CN 中学的时候，我就见过这个学生，也听实习生私下议论过这个学生，很多老师说这个学生不正常，但是实习生反映这个学生挺热心，让人感觉到温暖。后来我不经意提起这个学生，几位老师都说这个学生不太正常，可能有多动症。而事实上，他可能具有很强的依恋人格，对家长的依恋转移到了对老师的依恋，他上课回答问题很积极，有事懂得沟通，无非是界限感弱了点，缺少男子汉的阳刚之气，我们不能随意给学生扣上"有问题"的帽子。

醒言： 作为教师，我们应该如何评价学生？是用文化成绩来衡量，还是用综合素质来衡量？情感丰富的学生或者爱哭的学生是否就不是好学生？学校是否具有将学生培养成具备阳刚之气的人的责任？我们应该如何对待每个学生？是否完全按照教师指令的就是好学生？德国教育家第斯多惠说："教育的艺术不在于传递知识，而在于激励、唤醒和鼓舞。"教师的职责在过去被认为是"传道、授业、解惑"，现在是要培育"四有"新人，即有理想、有道德、有文化、有纪律的新人。学生希望得到教师的关注，教师应该因材施教，将他们培养成对社会有用的人。

一堂主题班会课

　　所有实习生必须在 11 月 25 日上午第三节课到城南中学录播室，听朱建华老师主讲的《感恩父母》。朱老师从《父亲》的背景音乐开始播放，伴着音乐，朱老师讲解了《父亲》这首歌曲的歌词，抑扬顿挫、声音并茂，很快将学生带入了"感恩父母"的情感氛围中，然后朱老师展示了一幅画面：一个父亲在雨中，一手牵着儿子，一手提着公文包，牵着儿子的手同时撑着雨伞。这是生活的常态，但是被朱老师的解读感动到了，无论工作多忙父母总是放不下儿女。

　　接下来朱老师安排了两个学生上台进行数学题的计算，计算父母陪伴我们和我们陪伴父母的时间，我们从小得到父母的陪伴与呵护。3 岁前，家是我们的全部；6 岁后，家是早晨和晚上；18 岁后，家是寒暑假；工作后，家是春节……随着年龄的增长，我们与父母渐行渐远。朱老师精心编排了一个小品，让学生上台演示《账单》，小品的内容是母亲在收拾儿子房间的时候，发现了一张纸条，纸条上写着"妈妈：扫地一次 10 元，整理家务 2 次 20 元，收拾房间 3 次 30 元，共欠我 60 元"，妈妈看着纸条，从口袋里拿出 60 元钱放在儿子的纸条上，同时在上面写下"儿子，妈妈陪伴你 10 多年，共欠我 0 元，为你洗衣做饭、供你上学你欠我 0 元，你永远欠我 0 元"。回家后，儿子看到桌上妈妈给的 60 元钱，兴高采烈，当读到妈妈的信时，方知妈妈的艰辛，深感愧疚。从数学公式到小品的设计，别具匠心，让人感动。

　　最后朱老师给出了一道算术题，让学生写出最重要的 10 个人或物，可以包括手机、网络、健康、金钱，每个人都在精心设计，很难取舍，我也是写了画，画了写，最后只是排序。老师提示明天就是感恩节了，我们在感恩节时该怎么做呢？有人说给父母打电话，有人说回家给爸爸妈妈端茶水、捶背，还有人说为家里做家务、煮饭。老师总结说，除了做家务以外，我们现在能够做好的是让爸爸妈妈放心，遵守学校规章制度，遵守班规，爱惜身体，珍惜时间，努力学习，以优异的成绩向父母汇报。

醒言：这节课形式多样，通过教师讲解、提问，影片展示，小品、学生演示等教学手段，学生深受启发。但是在提交作业时，我将健康放在了首位，老师说这与她讲的主题不相干。我就在思考，基础教育给出的是标准答案，没有给出思考的多元视角，为什么我是这个答案呢？我父母去世了，因此父母这一行就根本没有写上去，那么有些学生可能只有父亲或者母亲，我们应该如何去对待离异的父母？有没有理由对他们横眉冷对？然后在不同的年龄，生活重心不同，有些时候父母心中孩子最重要，有些时候孩子心中父母最重要，如果能够以多维视角考虑问题，那么我觉得学生的思维会更加开阔。

另外，关于小品的展示，如果每组都进行讨论演示，最后选择学生上去展示，可能比老师指定学生上去演示的效果更好，充分发挥学生的主观能动性，提升学生的全面发展素质、表演素质等。

我给中学生上体育课

上节课我展示了32步舞蹈，这节课我原本打算带领学生复习32步舞蹈，但是听说学生喜欢跑步，于是我安排了跑步、慢跑等各种跑步运动，目的是让学生掌握各种跑步姿势，虽然没有教前进跑、后退跑、小步跑、弓步走，但是学生很顽皮，不太听从安排，也许是我安排的内容不适合初中生。于是我采用双人转圈、互相背背等形式让学生做准备活动。接下来开始复习 32 步舞蹈，依然采用配合音乐节奏的方式让学生练习，在集体练习的情况下，学生似乎都会，但是在自主练习和合作环节，学生就表现得扭扭捏捏，不太愿意动。在转方向的时候，我站在男生前面示范了两遍，然后让学生自主练习三遍，每次安排自主练习的时候，无论给音乐还是不给音乐，学生都不动。原本希望男生与女生一起合作，女生带动男生，但是男女生都不太配合，我忽略了青春期的男女生界限。于是这节课效果堪忧。下节课我打算开始上篮球课，希望篮球课上学生表现好点。

教学设计不清晰，时间分配不合理，就会导致上课内容随意，逻辑性不强。如何利用现有的场地器材上好体育课确实是一个现实问题。

教师教导和改变学生，虽然教学是有目的的、有计划的，但是这里的教育性模糊了教育的概念，从老师这个角色去看，他们的自信，改变的点点滴滴，都不是我的目的，我只是想教会学生课堂上的知识，却不知不觉地给予了学生一些我们不仔细观察就容易忽略的改变，可能这就是所谓的为人师表，在举手投足之间，都会给予学生不一样的教育和改变。我发现有些事只有和学生有一种亲切感之后才可以办到，我来之前，那些好学的学生，都不会来问物理问题或数学问题，我来之后才有一些改变，办公室慢慢有学生来问我问题了，教完之后学生若有所思、开怀大笑、恍然大悟的情绪，让我有一种成就感。今天我又教会学生一些东西，说不定他们会越来越好学呢，哈哈哈，那时可能有我的一份功劳。说到这里其实又衍生了一些问题，但今儿就先到这吧。

没有规矩，不成方圆

实习队长在群里发了一张截图，内容是"队长说男生宿舍需要桌子，他们那里只有 2 张""好的，今天帮你们找一下！""小郑，请你帮我转发一条短信给实习老师，转发内容为'老师们，早上好，本周始兴县创文检查，请所有老师规范教学行为，办公期间不得玩手机，不得看电视，不得炒股票，整理好自己的办公内务，不要给学校拖后腿！谢谢你们的配合！！！'"

这种截图出现在群里，我顿时非常生气，我当即在群里回复：谁在给实习学校提要求？不是让你们有事跟我说吗？有什么事情告诉我，由我与学校沟通！！！

副队长回复：好的。

"我昨晚去过男生宿舍，没有任何人提出任何问题！"

"老师，我们是慢慢发现问题的，大家一下子也想不出什么问题，下次我们会注意，抱歉！"

"我的意思是发现了问题，及时向队长汇报，由队长向我汇报，我再与实习学校沟通，别乱了套。"

"好的，明白，我下次注意。老师，因为级长是我的任课老师，所以我直接和级长对接，这样方便一点，就不用再麻烦队长了，我直接把信息发在群里。"

"实习工作但凡不涉及教学问题，请不要越级处理。"在学生眼里，这是小事，他们自己能解决就解决了，但在老师眼里，这是工作纪律。如果不遵守管理制度，随性处理一些事情，就会导致很多问题。

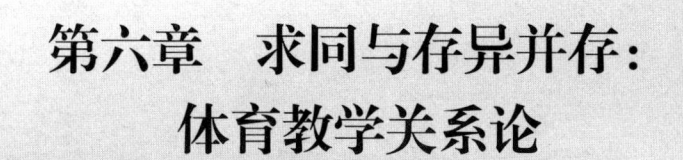

第六章 求同与存异并存：体育教学关系论

老师，我想跟你聊聊

今天上了一整天的课，刚到家，即将毕业的学生俊斌在微信上给我发来一则信息："老师，你方便吗？我想找你聊聊。"

"你有什么事吗？"

"老师，我出事了，就是想找你聊聊天。"听到学生说出事了，我答应陪学生走走。我急匆匆来到运动场，见到了早已等候在田径运动场的俊斌同学，她很亲热地拉起了我的胳膊。

"到底怎么了？"

"老师，今天上课集合整队时，我可能没有注意到，几个学生推推搡搡，一个男生居然将另外一个男生的生殖器踢出血了。"

我很奇怪："怎么会这样呢？"

"老师，可能我在管纪律，根本没有看到。"

"那现在怎么处理？"

"我去的那所学校说是实习，其实就是代课，根本没有老师指导，我对上课的流程也不是很熟悉，因为学校缺少体育老师，好几个都是代课老师，所以所谓的实习就变成了自我摸索，很难有提高，教师上课都不怎么认真，也不怎么撰写教案。实习生最大的困惑就是管不住学生，维持上课纪律就需要花很长时间，根本没有办法按照教学常规的时间划分去上课。幸运的是，我所在的那所学校虽然缺体育老师，但是它是一所非常好的学校。"

"哦，那就好。上课一定把安全放在第一位，做好教学组织管理工作。"

学生连连点头，我接着说："你试着在课上穿插一些学生感兴趣的内容了吗？"

"有的，我采用了音乐节奏、舞蹈动作、游戏等形式进行教学，学生感兴趣多了。"

"哦，那还行，在教学中你要不断尝试新的内容和组织形式，不要每节课都是千篇一律的。对于千篇一律的课堂，学生肯定不感兴趣，一定要注意激发学生学习的兴趣。孔子曰："知之者不如好之者，好之者不如乐之者。"孔子将学习的三重境界阐释得很有哲理，体育运动学习也一样，如果每次课都是集合整队、慢跑，然后游戏，甚至游戏都不经常变化，那么学生能有兴趣上体育课吗？这也是我们中国体育课的一种常态，学生喜欢体育而不喜欢上体育课。你们一定要在以技能为主线的基础上依据学生的身心特点选择教学内容，小学阶段以游戏为主，初中阶段以技能为主，高中阶段以技能掌握、运用和以赛促练为主。体育课堂生动活泼而又井然有序绝非一日之功，需要教师在教学中不断进行打磨。"

"老师，我发现一个很有趣的现象，班上'肥胖'儿童比较多，其他学生都对他们很排斥，他们也不太合群。"

"你有针对他们采取一定的练习方法或者活动形式吗？有因材施教吗？"

"没有。"

是啊，中国社会飞速发展，人民生活水平迅速提高、人们在享受现代科技生活带来的便利之时，却忽略了现代科技造成的人体力量弱化、肥胖等问题，肥胖造成的心血管疾病有目共睹，同时肥胖还给青少年学生带来智力发育、人际交往等问题。教师应该充分利用体育课来降低肥胖率和促进青少年养成健康的生活方式，体育教师为青少年健康服务的任务刻不容缓。

"老师，学生经常会到办公室门口，他们还会比较老师的服饰和包包，他们会在背后议论哪个老师穿的衣服好看。""是啊，老师在学生心目中是神圣不可侵犯的，同时老师在学生心目中的印象也需要教师自己去树立，学生对事物的认知非常有限，学生认为体育教师都是穿着运动服的、高高大大的男老师形象。教师应该帮助学生树立人生远大理想，学生关注老师的言行，甚至效仿老师的言行，这恰恰说明了教师职业的特殊性和重要性。"教师是一个影响人的职业，是一个用自身的言谈举止去造就一批人的职业。教师的仪表仪容尤为重要。

醒言：学生找我聊天，体现了实习教师在没有实习指导教师的学校的束手无策、孤独无助。实习其实是一门课程，需要高校指导教师与中小学指导教师共同指导实习生做好实习工作，不能因为种种原因将学生"放养"，安全事故不是一个实习生能够承担得起的责任。安全无小事，体育教学或者说体育运动中有时候出现的安全事故是致命的。相关负责人应该高度重视实习生在教学中的安全注意事项，防患于未然。

领导找我

今天，"体育与健康学科知识与教学能力"这门课程的教学内容已经学到《体育运动项目》这章，体育运动项目包括三大球（篮球、足球、排球）、三小球（乒乓球、羽毛球、网球）、田径（田赛、径赛）、体操（基本体操、器械体操）、武术、新型运动项目知识，不仅包括各运动项目起源和发展，而且还包括运动项目的规则、训练方法等，学生或多或少都接触过，有些项目是大一的普修，有些项目是学生的专选和副选，还有些项目是选修课。选择一个运动项目知识进行分小组讲授，一方面，继续学生体育运动项目知识；另一方面，夯实体育课堂教学相关理论基础，培养学生示范讲解体育运动项目的内容，提升学生体育教学能力。根据事先安排，本次课我采用了随机抽取的方式，点学生上台试讲，提升每个学生的教学能力。

"对分易"平台上的随机点名按钮飞速转动，我轻轻一按按钮"停"，伟忠的名字出现在了大屏幕上，我望向这名学生，这名学生是学院比较有名的学生，创业做得非常有特色，上课都是忙忙碌碌的，据说是学院树立的"创业典型"。"老师，稍等。"等他站起来时，他临时在网上下载了"三级跳远"的教学PPT准备试讲，因为没有事先准备，所以他有点结巴，他自己也觉得不好意思，马上说："老师，要不我给大家讲讲我的创业吧。"

"谢谢你！"我示意他回到座位上。毕竟教学内容是体育运动项目知识，创业项目与教学内容不匹配。等到其他学生上台试讲时，他从座位上走到教室后面对我说："老师，书记找我。"我点头，示意他出去。作为一名在校生，按说书记不可能在上课期间找学生，为了查明真假，下课后我专门给书记打电话验明真伪，书记说："我怎么可能在上课期间找学生呢？这是不可能的事情啊。"

下午学生给我发来短信，学院书记没有找他，他跟一些长辈交往，得到了长辈们的指点与提携。我回复他："我很欣赏你能把创业做得很好，体育学院也有意树立你为创业标杆，成为体育学院学生学习的榜样，但是在创业路上你应该学会诚实守信，坚持社会主义核心价值观，不能欺骗老师，满嘴谎言。如果创业与学习产生矛盾，你跟老师说清楚，老师也会理解和支持，学习的最终目的就是促进学生成长、成才，'体育与健康学科知识与教学能力'这门课程培养的是新时代体育教师必备的品质，大学提供的是学习的平台，更多实践平台需要到社会中去接触，学校对学生创业是支持的，但是做起来可能会有局限，学校会尽可能地给学生开绿灯，你没有必要采用欺骗的方式，下次记得跟老师实话实说，老师既需要有作为教师的道德底线，又需要根据学生个性因材施教，老师力挺你成为创业先锋。"

跟学生交流完，我也陷入了深思，学生的天职是学习，不按照要求进行学习就会违反学生的毕业要求；遵守学校规章制度和管理是义务，学生在课堂违反课堂纪律会给课堂管理制造混乱。可是，学习知识、塑造价值、培养能力都是大学教育的职责。作为任课教师，如果只局限于学生的学科知识，培养的人才将难以适应社会，教师应该着眼于学生的长远发展，特别是对于具有超前意识、创新意识的学生，教师应该既保护他们的创新激情，又引导他们不放松学业，沉下心完成本科毕业要求的学分。

醒言：教师是一个神圣的职业，应该不畏强权，坚守关爱学生的初心；坚持以学生发展为目标，因材施教，采用有助于学生发展的教育方式。

选你作为论文指导教师

我拿着教案给学生展示，提醒学生一定要注意教案的格式。我在网上查找时发现国内外的教案格式居然有20多种，于是我不敢贸然给学生一个格式，但是无论哪种格式，都应该包括教学内容、教学目标、教学重难点、教学过程、教法、学法和教学组织形式，每个环节的时间、次数和负荷安排。有些学生不注意版面设计，没有设计页边距和行距，整个版面看起来不整洁。对此，我开玩笑说，有的穿的是七分裤，有的穿的是九分裤，还有的身体太胖，衣服穿得太紧，看起来极不匀称。

赵睿比我眼睛还尖，居然一眼看出表格下面没有封口的横线，我再仔细一看，居然显示出一模一样的两份教案，这就悲催了，让人尴尬。赵睿去年选了我的一门课，就一个格式我让他改了七遍，因此他对这个已经很清楚了。因为选修课人数多，课时少，我根本就没有记清楚哪个学生叫什么，所以我对哪些学生有要求，自己都忘记了。没有想到这个学生居然记得如此清楚，真叫我汗颜，也难怪学生会恨我，至今都有学生还挂着科，他们懒得理睬我的要求。

临离开时，赵睿居然说："艾老师，我可以选你做我的论文指导老师吗？"被我虐成那样，他还敢找我做指导老师？中午回家居然收到他要求加我为好友的信息，我通过验证后，回复："你就不怕我虐你，居然还申请我作为你的论文指导老师？""大学最后一次作业，虐就虐，更何况我就是来找虐的。毕竟我也很相信艾博士的学术功底，以前多有得罪，请老师不要放在心上，学生在这非常诚心地向你道歉。"我的天，居然有学生希望找"虐"，看来严格要求，对学生来说未尝不是一种激励，也许人都有惰性，有人很愿意在逼迫中做事。

这也给我启示，对待学生应该有自己的原则，坚持原则，做一名有原则的老师太重要啦。

艾妈妈，我们想跟你分享

又是一个毕业季，学生该返校领取毕业证了！

很多时候学生如同自己的孩子，相伴几年忽然分离，总会感到不舍！

快到返校时间，学生开始与我联系，说是要摆谢师宴。从论文开题到论文商讨与撰写，每次商讨我会提议边吃饭边聊天。去年六月开始见面会后，在谈学生的思路时，我采取的也是边吃饭边聊天的模式。

学生准备离校实习之前约我一起吃饭，而我并没有答应，我与学生之间不是普通朋友关系，我们的交流不应该仅仅围绕着吃饭，于是我提出吃饭时每个人需要带着自己的开题报告。原本在群里应声回复参加吃饭的学生居然都不吭声了。他们根本没有准备好开题报告，我与他们一起吃饭的意义在哪里呢？

之后的小型会议，很多学生因为各种事情到不了，论文写作也是一拖再拖。我花了很多心思去指导学生，后来发现我的嘱咐并不符合学生的需求，学生并不领情！于是我不再与学生一起吃饭，在论文答辩前，我组织学生进行了预答辩，并对学生论文情况进行了检查，那天学生逐个汇报，时间较晚了。中途一个学生甚至叫了外卖在教室后面吃，等所有学生都汇报结束，学生相约去吃饭，我开玩笑说"都不请老师吃"，学生才叫嚷着说"请，请，请"。后来我们到了教室公寓门口的"鱼香农庄"，我让学生点菜，但依旧是我买单，我不可能让学生买单。

这一次，学生主动说代表小组成员邀约我欢聚，感谢我的一路指导与帮助，初定于18号晚上一起聚餐，并且收集了回复参与聚餐人员的名单。他们在18号上午9：00说好晚上6：30到"鱼香农庄"。考虑到上下届学生之间的交流，我刚开始决定让学生来我家里自己动手，增进感情与交流，后来又觉得做饭可能来不及，正好有学生建议我搞烧烤比较方便，思考良久，我觉得这样也好，因为大家在一起从来都不在乎吃，真正在乎的是聚在一起探讨的氛围，交流感情。于是我决定在自家楼顶进行烧烤，同时可以做点小菜之类的。后来考虑到人数多，担心吵到邻居，我还是联系了农庄。没有想到学生代表说："他们不太愿意到你家里来，也有些同学不太愿意交流。"一听到这话，我感觉学生并不是真心想来看我，于是临时取消了请他们吃饭的事，同时取消了在低年级学生群安排的事宜。

学生代表后来说："老师，我们真的很想与你相聚，一起分享。希望老师给一次机会，我们不想留下遗憾。"

"艾妈妈，你再想想，如果不是你把我们当自己家孩子看待，我们哪有今天的成果！"

"你培育的宝宝们都回来了，我们希望跟艾妈妈分享在外面遇到的风风雨雨呢。"学生代表安排了另外一个学生联系我，正中午发了两次视频，我因为午睡没有接听。于是这名学生留言："艾老师，我们回学校了，我们想约你，好久不见，大家都挺想你的，有好多话想跟你说呢。"

我说不聚就不聚了，但是可以常联系。我硬是拒绝了学生的邀请。

再后来，谢震回来了，上次毕业答辩回来给我带来一瓶蜂蜜，这次联系我说带了家里的水果，很多时候小小的礼物更让人感动！

挑衅：看老师是怎么上课的

今年韶关学院作为东道主举办广东省教学基本功大赛说课与模拟授课比赛，我是第一次参与学生的培训工作，说实在的，还是有点不适应。虽然领导很重视，让我参与其中，但是我自己感觉经验不足，只好硬着头皮上。好在我曾经在中小学待过，至少看到过不少中小学体育教师的优质课，懂得教学中的一些技巧和流程。然而知道和运用不是一回事，让你展现出来又是另一回事。

每次上课我都让学生进行点评，告诉学生应该注意的环节，然而学生并不是很上心，或者说对我讲解的内容根本就不在意，到目前为止学生仍是按照自己的理解进行构思。比如，让学生思考教学应该有哪几个部分和环节，他们根本就不认真思考。又如，我看见蔡泽华同学就没有怎么完成说课与模拟授课的环节，等我发现他们的场地器材准备得不充分，提醒他们应该注意哪些环节时，蔡泽华说："我就很想看看老师是怎么上课的。"我一下子很尴尬，也有几个学生跟着附和："是啊，老师，我们想看看你是怎么上课的。""倒立你能翻得过去吗？"其实学生根本不愿意动脑筋或者动手去操作，还是愿意"copy"。刘羽宜同学似乎觉得男生这样做不妥，就说："不要为难老师了。"后来他们说江剑玉很会调动气氛，我提议让江剑玉来上一次课，江剑玉很给力，居然上得不错，虽然是临场准备的教学内容。

这也说明，我没有将教学环节教给学生，学生在实习时存在着教学技能与理论教学环节脱节的问题，同时也给我提了一个醒，要注意锻炼身体，能做出一些体育教学技能的动作。如果体育教师做不出体育动作，学生会轻视甚至鄙视教师，这让我深刻感受到了，我一定要好好锻炼身体，不仅懂得如何教，而且还懂得如何做。在体育动作示范方面，我还是比较欠缺的。

谈公平

按照这学期下乡挂职锻炼的要求，我应该驻点工作一年，但学院说"体育与健康学科知识与教学能力"这门课没有人带，基于对学生和教学的热爱，我提出如果实在没有人带我就带，只是会特别辛苦。每周上课前，我会布置作业，以"通知"的形式发出，同时也会布置课后作业。那天拿起手机翻阅学习通章节时，我发现有个消息未读，特别长。

"艾老师，你好，你教的这门课是我学过的最有感染力的一门课程，我觉得自己对这门课比较投入，今天上课的时候老师讲了前天的篮球比赛，说了要尊重裁判员的判罚，在篮球场上裁判员无异于这场比赛中的规则，我也赞同老师说的要遵守规则，但是课堂上出现了不遵守规则的事情，老师没有阻止还表示赞同，在讲课前老师规定了学生讲课时间是

10分钟，但有同学打破了这个规则讲了很长的时间，导致一节课讲不了几个人，然后老师进行了规则重改，讲课时间改为 5 分钟，然后第二节课同学上去讲课，老师注重 5 分钟的讲课时间规则，时间到了就给提示，我也很赞同老师的做法。因为老师遵守了制定的规则，所以同学们讲课时间都是在 5 分钟左右，那节课有 8～9 个同学完成了讲课，然后今天的课程中，只讲了 3 个同学，而那 3 个同学就只有一个同学遵守 5 分钟的讲课规则，而老师今天没有管，我算了下时间，一个 10 分钟左右，一个 8 分钟左右，如果老师说他们讲的内容好，符合老师允许超时的条件，我觉得也不过如此，他们只不过对着 PPT 讲，甚至普通话都不标准，我觉得老师可以给点与第二节课一样的时间提示。你说这节课的讲课同学很优秀，给高分，还说他们讲得好是由于参考了前面讲课同学的经验，那前面讲课的同学成了第一个吃螃蟹的人吗？算勇者还是算牺牲品？这是我想说的，可能是对这节课比较上心，因此有了比较多的想法，希望老师理解，祝老师生活愉快。"

我看到如此用心的学生，着实吃了一惊，谨慎回复道："感谢你对老师的信任，跟老师说了这么多真实的想法。学生处于学习的过程，老师又何尝不是呢？老师也是在与学生的互动中成长。刚开始我确实批评同学准备得不充分，其实很多同学都是第一次讲课，应该给予鼓励。另外，如果有的同学讲得好，能够夯实学科知识，确实应该鼓励，老师希望更多的同学得到锻炼！平时讲课考查的是态度，不存在牺牲品一说，最终目的是所有学生进步，成为优秀的体育教师。祝你学业进步，天天开心！"

"老师，我上课讲的内容是投篮技术，在准备 PPT 的过程中我学到了很多种投篮方法与技巧，尤其是对单手投篮技术动作要点进行了更加扎实的掌握，刚开始上台我觉得有点紧张，可能缺乏这方面的训练，在讲课的时候有的内容我会重复讲，我在讲课的过程中运用了正面、侧面示范法。"

"你讲得比较有吸引力，只是后面的讲解显得有点烦琐，但对于提问的同学，我确实没有限制时间，也没有来得及更正她的错误，你给老师提的意见非常中肯，老师欣然接受，下次课争取控制好时间。"

醒言：公平与公正是社会主义核心价值观的主要内容，每个人都渴望公平，特别是教师，"德高为师，学高为范"，在规则执行方面起着示范作用，公平是人与人之间交往的准则。

第七章　教学杂记

学生辍学

大学生创新创业越来越受到教育部、广东省乃至各高校的高度重视，当看到校园网出台关于2018年大学生创新创业申请立项通知时，我主动询问一个特别努力上进的学生，问他是否需要申报大创项目，他欣然答应，积极拎着手提电脑到我家来请教，我教他查询资料，撰写申报书方法，待他交给我申报书初稿后，我精心修改，最终成功立项"国家级"。

9月，我开始询问学生大创进展，希望学生按部就班进行。由于学生一直没有动静，我催得比较急，到了12月要进行中期检查时，还让学生写了保证书，要求他尽快开展调查，然而该学生依旧没有任何进展，教务处建议不要撤项，学生处建议不要更换主持人，也没有办法更换主持人，大创项目不结项对学生和老师都会造成不良影响。"李草，你大创项目进展如何？"

"老师，寒假我会留在学校专门做这个项目。"

"哦，那好。"等到了寒假，迟迟不见学生来找我，也得不到这个学生的任何消息，于是我联系他。

"你在哪里学习呢？老师怎么找不到你？"

微信那名学生迟迟没有回复，我给他打电话，他回复说："老师，我在学习驾照，等我晚上回去做。"一而再，再而三，我始终未见到这名学生的身影。

等到开学，我联系辅导员，寻思更换主持人，坚持把项目完成，辅导员联系好这名学生，答应让课题组成员媚媚来接任，辅导员、两名学生和我均在现场，办好了交接手续，等清明节假期回来把银行卡过户给媚媚。返校当晚，我接到了辅导员的电话："艾老师，李草跟你联系没有？"

"没有，怎么了？我正要找他呢。"

"联系不上他了！"

"啊？怎么会联系不上？"

听到这个消息，我立马联系课题组成员媚媚同学。媚媚说她也不知道，正在联系李草的女朋友，希望有他的消息。随即我联系了辅导员，辅导员也不清楚。之后我一直关注这个学生的消息。凌晨一点半，辅导员在朋友圈发了一条消息：感谢大家的关心，李草同学由于与女朋友闹矛盾而出走……请大家放心。

第二天，我无意中去了体育办公室，跟书记聊起学生的情况。书记说："昨天还有人提议将你叫来，被我挡回去了。我跟他说'难不成要将全学院的老师都叫来？艾老师也只是一个普通老师啊'。"

很感激书记的包容和理解，随后，我把与该生的对话进行了截图，一一发给了书记，让书记帮忙分析到底哪里出了问题，我应该负哪些责任。书记认真阅读了所有的聊天记录，也许会认为我过于死板，对学生的要求没有弹性，也许……书记什么也没说，只说这个确实是学生的问题，跟我没有关系。

再后来，这个学生当晚被送回家，后来辍学，但是我的心久久不能平静。如果我知道这个学生没有精力完成这件事情，我就不应该安排他做这件事情，或者不该督促他完成这件事情，当他一而再、再而三地拖延时，我应该找他好好谈谈，做好思想工作，让他量力而行，不为难自己。

醒言：教育的真谛是让学生在快乐中学习、收获和成长，大学生创新创业项目开展的目的在于培养学生的创新思维和实践能力，在实践中不断提升学习能力。如果学生接受了超过能力范围的任务，超负荷去学习和工作，时间久了，难免出现心理问题，教师应该细心地观察学生。

老师，你不带实习生

这学期师范专业认证专家进校考察，师范类专业认证要求高校教师教育课程论的教师必须服务基层中小学一年，每五年中至少有一年服务经历，于是领导打电话给我，安排我下基层锻炼。我觉得孩子已经大了，也没有什么后顾之忧，因此欣然答应。我当时的第一反应是我的课怎么办？领导说："可以安排其他人上课，再说了，你可以周末回来补。"后来偶遇其他教师教育课程的老师，聊起下基层的事情。每年驻点带队的实习老师告诉我，下基层带实习生的工作很忙，千万不要再带学校的课程，带好实习生就行了。我将这一信息反馈给管教学的副院长。我们学院第一次被派驻点实习，是第一个申请师范专业认证专家进校的学院，学校层面高度重视。

一天晚上，学生突然发来一条微信："艾老师，实习表上没有你的名字呀，你是不是可以留校上课了？"同时，学生还发来一份2020—2021学年体育学院实习基地使用统计表、体育学院集中实习学生一览表，表上有实习单位联系人和电话、学号、学生姓名、指导教师姓名，确实没有我的名字，这顿时让我特别惊诧，截图给了领导，领导觉得很正常："下基层挂职是件新鲜事，加之实习安排出来也不知道你挂职地点啊。"

教师教育实践基地安排了8个实习生，按照规定带好这8个实习生就好，他们有指导教师，我只需要做好管理工作，文学院、英东生物学院的两个学生表明学院没有安排实习指导教师，指导教师就是我，那些希望我带的实习生很失望，老师也很尴尬，开设这门课程时没有一个人能带，带实习时却又如此多的老师能带。

教育的目的是促进学生发展，而不是学生可以随心所欲。同时，教育的目的在于发展学生的教育教学实践能力，为学生提供良好的实习环境，给予他们校内与校外相结合的实习指导，而不应该挂有虚名"放养"。

醒言：教师是个良心职业，教师凭借自己的良心做事，尽心尽责地做好自己该做的事情，安排你做与不做是领导的考虑，做就认认真真做好，给学生树立正面形象，保持乐观态度，带不带实习生不重要，重要的是服从学校的安排。

观摩省培中小学体育教师实践课

学校原本安排今天上午 4 位教师上示范课，我早早到了上课场地，发现操场上只有足球教师，并没有上课学员。体育教师的常规要求是提前 15 分钟到达场地，布置场地器材，但是这些省培的老师大约已经疲惫了、倦怠了，根本不愿意来上课，班主任点名时还能到场，但是很快就又溜之大吉了。迫于无奈，任课教师请求正在上课的专项选修班的学生来配合上课，足球选修班的老师和学生给予了高度配合。

第一位上课的教师并没有给我提供教案，我也就自顾自地听课，没有了教案的对照比较，我根本没有办法知道其教学效果的达成度，我所能看到的只是教学流程。第一位教师讲的是足球的脚内侧传接球，课的开始讲解学习要求，口令洪亮，以慢跑、徒手操的活动进行热身，课的内容是脚内侧传接球、射门练习，运用了教师讲解示范的教学方法，基础好的学生可以不停球或者左右脚交替练习。紧接着学生对练的距离加长，加大了学生练习的难度。最后利用了射门比赛的小游戏，将教学过程推向高潮，课程结束前对学生进行了身体素质练习，这是难能可贵的。

至少这名教师将发展学生的身体素质和身心摆在了首要位置。值得商榷的是，教学组织的内容是否层层递进？场地器材的布局是否合理？教学过程的创新思维如何体现？教师如何掌握教师的主导地位和学生的主体地位？

课的密度只能达到30%，教师讲解花费了10多分钟，占据了三分之一的时间，严重影响了课的密度，一节课的密度会影响体育课的量和强度，这是衡量体育课好坏的标准，教师上课时应该进一步精讲多练，缩短调整队列队形的时间。

教师疑问：如果不是两个人传接球，会不会影响课的密度？

其实，三个人或者四个人甚至更多的人参与，需要学生注意、观察、反应，有助于培养学生多方面的能力，真正体现体育是素质教育的突破口。这不仅不会影响练习密度，而且还会激发学生的学习兴趣，加大学生的练习密度，使其乐学。

第二位上课的教师在课程开始时，拍着脑袋想出了三个练习，第一个是用手推球，第二个是抱球，第三个是跑步移动。严格地说，这三个练习的逻辑性不强，不能如此安排。如果是让学生熟悉球性，可以有很多熟悉球性的练习；如果是培养学生团结合作的意识，那么就应该利用球使学生团结合作。总之，不能眉毛胡子一起抓，这样无法通过教学内容达成体育教学目标。在脚内侧传球过程中，授课教师采用了4个人一组的练习形式，4个人一组用了2个球，其实可以尝试4个人玩3个球、4个球。这样不仅加大了练习密度，更重要的是提升了学生的反应能力和观察能力。

课程结尾部分这位教师利用了坐在地上放松的方式，殊不知这种剧烈运动之后的放松很有可能导致猝死，这位教师显然忽视了剧烈运动之后是不能立即坐在地上的，沸腾的血液会囤积在下肢，无法及时回流到大脑，以致大脑供血不足，出现休克、晕厥的现象。